Cidades inteligentes e sustentáveis

Cidades inteligentes e sustentáveis

Tatiana Tucunduva Philippi Cortese
Cláudia Terezinha Kniess
Emerson Antonio Maccari
(Orgs.)

Manole

Editor gestor: Walter Luiz Coutinho
Editora responsável: Ana Maria Silva Hosaka
Produção editorial: Marília Courbassier Paris
Editoração eletrônica: Elisabeth Miyuki Fucuda
Capa: Departamento de Arte da Editora Manole

Dados Internacionais de Catalogação na Publicação (CIP)
(Câmara Brasileira do Livro, SP, Brasil)

Cidades inteligentes e sustentáveis / Tatiana
Tucunduva P. Cortese, Cláudia Terezinha Kniess,
Emerson Antonio Maccari, (orgs.) . -- Barueri,
SP : Manole, 2017.

Vários autores.
Bibliografia
ISBN 978-85-204-5140-3

1. Cidades - Brasil 2. Desenvolvimento sustentável 3. Mobilidade urbana 4. Urbanismo I. Cortese, Tatiana Tucunduva P.. II. Kniess, Cláudia Terezinha. III. Maccari, Emerson Antonio.

16-08561 CDD-307.760981

Índices para catálogo sistemático:
1. Cidades sustentáveis : Desenvolvimento urbano : Política urbana : Sociologia
307.760981

1ª edição – 2017

Editora Manole Ltda.
Avenida Ceci, 672 – Tamboré
06460-120 – Barueri – SP – Brasil
Tel. (11) 4196-6000 – Fax: (11) 4196-6021
www.manole.com.br
info@manole.com.br

Impresso no Brasil
Printed in Brazil

Sobre os autores

Organizadores

Tatiana Tucunduva Philippi Cortese

Pós-doutoranda pela Faculdade de Arquitetura e Urbanismo da Universidade de São Paulo (FAU/USP). Doutora em Ciências e mestre em Saúde Pública pela Faculdade de Saúde Pública da USP (FSP/USP). Especialista em Direito Ambiental pela Faculdade de Direito e Faculdade de Saúde Pública da USP. Graduada em Direito pelo Centro Universitário das Faculdades Metropolitanas Unidas (FMU). Docente do Programa de Pós-graduação em Cidades Inteligentes e Sustentáveis e do Mestrado Profissional em Administração – Gestão Ambiental e Sustentabilidade da Universidade Nove de Julho (Uninove).

Cláudia Terezinha Kniess

Pós-doutorado em Tecnologia Nuclear pelo Instituto de Pesquisas Energéticas e Nucleares (Ipen). Doutora em Ciência e Engenharia de Materiais e mestre em Engenharia Química pela Universidade Federal de Santa Catarina (UFSC). Graduada em Química pela UFSC. Coordenadora do Programa de Pós-graduação em Cidades Inteligentes e Sustentáveis e docente do Mestrado Profissional em Administração – Gestão Ambiental e Sustentabilidade da Universidade Nove de Julho (Uninove). É bolsista de Produtividade em Desenvolvimento Tecnológico e Extensão Inovadora do CNPq. Editora científica da *Revista Gestão Ambiental e Sustentabilidade – Revista GeAS*.

Emerson Antonio Maccari

Livre-docente e doutor em Administração pela Universidade de São Paulo (USP), com estágio doutoral na Universidade de Massachusetts Amherst, Estados Unidos. Mestre em Administração pela Universidade Regional de Blumenau (Furb). Graduado em Administração e em Ciências da Computação pela Furb. Diretor do Programa de Pós-graduação em Administração da Universidade Nove de Julho (Uninove). É bolsista de produtividade (PQ2/CNPq).

Autores

Alexandre Aguiar

Doutor e mestre em Saúde Pública pela Faculdade de Saúde Pública da USP (FSP/USP). Especialista em Gestão Ambiental pelo Núcleo de Informações em Saúde Ambiental da USP (Nisam/USP). Graduado em Engenharia Química pela Escola Politécnica da Universidade de São Paulo (Poli/USP). Docente do Programa de Pós-graduação em Cidades Inteligentes e Sustentáveis e do Mestrado Profissional em Administração – Gestão Ambiental e Sustentabilidade da Universidade Nove de Julho (Uninove).

Amarilis Lucia Casteli Figueiredo Gallardo

Pós-doutorado em Ciências Ambientais pela Escola de Ciências Ambientais da Universidade de East Anglia, Reino Unido. Doutora em Engenharia de Minas pela Escola Politécnica da Universidade de São Paulo (Poli/USP). Mestre em Engenharia Civil pela USP. Graduada em Geologia pela Universidade Estadual Paulista Júlio de Mesquita Filho (Unesp). Foi pesquisadora do Instituto de Pesquisas Tecnológicas (IPT). Docente do Programa de Pós-graduação em Cidades Inteligentes e Sustentáveis e do Mestrado Profissional em Administração – Gestão Ambiental e Sustentabilidade da Universidade Nove de Julho (Uninove), e do Departamento de Engenharia Hidráulica e Ambiental da Poli/USP.

Ana Cristina de Faria

Pós-doutorado em Gestão de Operações e Logística pela Escola de Administração de Empresas de São Paulo da Fundação Getulio Vargas (Eaesp/FGV). Doutora e mestre em Controladoria e Contabilidade pela Faculdade de Economia, Administração e Contabilidade da Universidade de São Paulo (FEA/USP). Graduada em Ciências Contábeis pela Universidade São Judas Tadeu. Docente do Programa de Pós-graduação em Cidades Inteligentes e Sustentáveis da Universidade Nove de Julho (Uninove).

Andreza Portella Ribeiro

Pós-doutorado em Oceanografia pela Universidade de São Paulo. Doutora e mestre em Ciências (Química Ambiental) pelo Instituto de Pesquisas Energéticas e Nucleares da Universidade de São Paulo (USP). Graduada em Química pela Universidade Estadual de Ponta Grossa (UEPG). Integrante do Instituto Nacional de Ciência e Tecnologia Antártico de Pesquisas Ambientais. Docente do Programa de Pós-graduação em Cidades Inteligentes e Sustentáveis da Universidade Nove de Julho (Uninove).

Cibele Barsalini Martins
Doutora e mestre em Administração pelo Programa de Pós-graduação em Administração da Universidade Nove de Julho (Uninove). Especialista em Qualidade nas Organizações pela Uninove. Graduada em Administração pela Uninove e em Secretariado Executivo pela Universidade São Judas Tadeu. Docente na Universidade Federal de Santa Catarina (UFSC). Editora científica da *Revista Gestão e Secretariado – Revista GeSec.*

Cláudia Terezinha Kniess
Pós-doutorado em Tecnologia Nuclear pelo Instituto de Pesquisas Energéticas e Nucleares (Ipen). Doutora em Ciência e Engenharia de Materiais e mestre em Engenharia Química pela Universidade Federal de Santa Catarina (UFSC). Graduada em Química pela UFSC. Coordenadora do Programa de Pós-graduação em Cidades Inteligentes e Sustentáveis e docente do Mestrado Profissional em Administração – Gestão Ambiental e Sustentabilidade da Universidade Nove de Julho (Uninove). É bolsista de Produtividade em Desenvolvimento Tecnológico e Extensão Inovadora do CNPq. Editora científica da *Revista Gestão Ambiental e Sustentabilidade – Revista GeAS.*

Cristiano Capellani Quaresma
Doutor e mestre em Geografia pelo Instituto de Geociências da Universidade Estadual de Campinas (IG/Unicamp). Graduado em Geografia pela Unicamp. Docente do Programa de Pós-graduação em Cidades Inteligentes e Sustentáveis da Universidade Nove de Julho (Uninove).

Emerson Antonio Maccari
Livre-docente e doutor em Administração pela Universidade de São Paulo (USP), com estágio doutoral na Universidade de Massachusetts Amherst, Estados Unidos. Mestre em Administração pela Universidade Regional de Blumenau (Furb). Graduado em Administração e em Ciências da Computação pela Furb. Diretor do Programa de Pós-graduação em Administração da Universidade Nove de Julho (Uninove). É bolsista de produtividade (PQ2/CNPq).

Fábio Ytoshi Shibao
Doutor em Administração de Empresas pela Universidade Presbiteriana Mackenzie. Mestre em Ciências Contábeis pela Fundação Escola de Comércio Álvares Penteado (Fecap). Especialista em Métodos Quantitativos e Informática pelo Ceag da Fundação Getulio Vargas (FGV). Graduado em Administração de empresas com ênfase em análise de sistemas pelas Faculdades Associadas de São Paulo (Fasp). Docente do Programa de Pós-graduação em Cidades Inteligentes e Sustentáveis

e do Mestrado Profissional em Administração – Gestão Ambiental e Sustentabilidade da Universidade Nove de Julho (Uninove).

Geraldo Cardoso de Oliveira Neto
Pós-doutorando em Gestão e Engenharia Industrial pela Universidade de Aveiro, Portugal. Pós-doutorado em Engenharia de Produção pela Universidade Federal de São Carlos (UFSCar). Doutor em Administração de Empresas pela Universidade Nove de Julho (Uninove). Doutor e mestre em Engenharia de Produção pela Universidade Paulista (Unip). Especialista em Gestão de Pessoas e em Gestão da Qualidade e Produtividade pela Universidade Ibirapuera (Unib). Graduado em Administração de Empresas. Docente do Programa de Pós-graduação em Cidades Inteligentes e Sustentáveis da Universidade Nove de Julho (Uninove).

Heidy Rodriguez Ramos
Doutora em Administração pela Faculdade de Economia, Administração e Contabilidade da Universidade de São Paulo (FEA/USP). Mestre em Sociedade, Economia e Estado pelo Programa de Pós-Graduação Interunidades em Integração da América Latina (Prolam/USP). Graduada em Administração pela FEA/USP. Docente do Programa de Pós-graduação em Cidades Inteligentes e Sustentáveis, do Mestrado Profissional em Administração – Gestão Ambiental e Sustentabilidade e do Programa de Pós-graduação em Administração da Universidade Nove de Julho (Uninove).

João Alexandre Paschoalin Filho
Pós-doutorado em Ciências Sociais Aplicadas pela Faculdade de Ciências da Universidade do Porto, Portugal. Doutor e mestre em Engenharia pela Universidade Estadual de Campinas (Unicamp). Graduado em Engenharia Agrícola pela Universidade Federal de Lavras (Ufla). Docente do Programa de Pós-graduação em Cidades Inteligentes e Sustentáveis e do Mestrado Profissional em Administração – Gestão Ambiental e Sustentabilidade da Universidade Nove de Julho (Uninove).

José Renato Nalini
Doutor e mestre em Direito Constitucional pela Universidade de São Paulo (USP). Graduado em Ciências Jurídicas e Sociais pela Faculdade de Direito da Pontifícia Universidade Católica de Campinas (PUC-Campinas). Foi corregedor geral da Justiça (biênio 2012/13) e presidente do Tribunal de Justiça do Estado de São Paulo (biênio 2014/15). É Secretário de Estado da Educação de São Paulo e docente do Programa de Pós-graduação em Direito da Universidade Nove de Julho (Uninove).

Maurício Lamano Ferreira

Doutor em Ciências pela Universidade de São Paulo (USP). Mestre em Biodiversidade Vegetal e Meio Ambiente pelo Instituto de Botânica (BT). Graduado em Ciências Biológicas pela Universidade Presbiteriana Mackenzie. Docente do Programa de Pós-graduação em Cidades Inteligentes e Sustentáveis da Universidade Nove de Julho (Uninove).

Mauro Silva Ruiz

Doutor em Geografia (na área de planejamento em recursos naturais) pela Universidade Southern Illinois Carbondale, Estados Unidos. Mestre em Administração e Política de Recursos Minerais pela Universidade Estadual de Campinas (Unicamp). Especialista em Meio Ambiente e Desenvolvimento Sustentável pelo Programa Leadership for Environment and Development (Lead). Graduado em Geologia pela Universidade Estadual Júlio de Mesquita Filho (Unesp). Atuou nas divisões de geologia e economia do Instituto de Pesquisas Tecnológicas (IPT). Docente do Programa de Pós-graduação em Cidades Inteligentes e Sustentáveis e Coordenador do Mestrado Profissional em Administração – Gestão Ambiental e Sustentabilidade da Universidade Nove de Julho (Uninove).

Tatiana Tucunduva Philippi Cortese

Pós-doutoranda pela Faculdade de Arquitetura e Urbanismo da Universidade de São Paulo (FAU/USP). Doutora em Ciências e mestre em Saúde Pública pela Faculdade de Saúde Pública da USP (FSP/USP). Especialista em Direito Ambiental pela Faculdade de Direito e Faculdade de Saúde Pública da USP. Graduada em Direito pelo Centro Universitário das Faculdades Metropolitanas Unidas (FMU). Docente do Programa de Pós-graduação em Cidades Inteligentes e Sustentáveis e do Mestrado Profissional em Administração – Gestão Ambiental e Sustentabilidade da Universidade Nove de Julho (Uninove).

Wilson Levy Braga da Silva Neto

Doutorando em Direito pela Pontifícia Universidade Católica de São Paulo (PUC-SP). Mestre em Direito pela Universidade de São Paulo (USP). Graduate Student Fellow do Lincoln Institute of Land Policy. Graduado em Direito pela Faculdade de Direito da Pontifícia Universidade Católica de Campinas (PUC-Campinas). Docente do Programa de Pós-graduação em Cidades Inteligentes e Sustentáveis da Universidade Nove de Julho (Uninove).

Sumário

Prefácio

Estamos discutindo a temática das cidades sustentáveis em escala internacional há cerca de 45 anos. Foi no início dos anos de 1970 que a Organização das Nações Unidas (ONU), uma das instituições globais de maior prestígio no mundo, decidiu capitanear uma discussão séria sobre esse assunto ao envolver um grande conjunto de países, procurando criar um consenso ao redor de uma agenda global.

Nesses 45 anos, muito se fez nessa área em todo o mundo e muitos governos incorporaram a questão ambiental como uma realidade que deve permear suas ações e seus projetos futuros de desenvolvimento. Um grupo pequeno de nações, sobretudo na Europa, entendeu a sustentabilidade como uma oportunidade de aliar as ações na área do desenvolvimento sustentável à questão econômica.

Como resultado dessas ações surgiu o conceito da "economia verde". Nesse modelo de desenvolvimento, a sustentabilidade deixou de ser um fardo e uma atividade demagógica para se tornar uma oportunidade de redução de custos e minimização do passivo ambiental de cidades, regiões e países. Muito embora a realidade, hoje, esteja permeada de exemplos de sucesso nessa matéria, alguns governos ainda insistem nos modelos tradicionais e poluidores e se mantêm relutantes em se voltar para os modelos contemporâneos e perfeitamente factíveis de utilização dos recursos naturais a serviço da economia e do desenvolvimento.

Vivemos em um momento único na história, no qual o acesso a tecnologias limpas e de baixo impacto ambiental, como a geração de energia renovável ou o tratamento de resíduos sólidos, alcançou o menor preço possível em décadas. Apesar de essa ser a nossa realidade no momento – ou seja, nunca a sustentabilidade foi algo tão próximo e tão possível –, o modelo energético que move a produção industrial e a frota de veículos em escala global é não renovável e poluidor.

As pressões econômicas manterão esse modelo ainda por aproximadamente seis ou sete décadas, quando estima-se o fim do ciclo do petróleo, mesmo com todos os acordos que já foram e que ainda serão assinados por grande parte das nações. Só então poderemos reverter três séculos de elevados impactos ambientais (o carvão no século XIX e o petróleo nos séculos XX e XXI) e partir para o século XXII, no qual o hidrogênio e as fontes renováveis sejam de fato responsáveis pela maior parte da eletricidade gerada no mundo.

Entretanto, para que isso ocorra no futuro é preciso que se crie, no presente, as condições necessárias para essa substituição tecnológica, e isso já vem sendo feito. O mundo está repleto de cidades de pequeno e médio porte que adotaram modelos fundados na economia verde e estão sobrevivendo, o que faz com que o número de adoções desse modelo esteja se multiplicando. Esses exemplos têm impulsionado outros gestores a partirem para soluções semelhantes ao mostrar que a sustentabilidade é possível. Dessa forma, esses governos estão, na verdade, criando condições para que a transição entre o modelo atual poluidor do século XXI se transforme paulatinamente em um novo modelo, mais sustentável e economicamente viável, no século XXII.

Nesse sentido, a educação assume um papel fundamental, porque é capaz de apresentar alternativas e despertar interesses e novas ideias que poderão alterar ainda mais o cenário promissor do presente e do futuro. É nesse contexto que se insere este livro, promovendo a discussão desses assuntos e mantendo em voga os questionamentos, as dúvidas e as inovações da área.

Marcelo de Andrade Roméro
Arquiteto e urbanista, professor livre-docente da Faculdade de Arquitetura e Urbanismo da Universidade de São Paulo (FAU-USP).

Apresentação

O livro *Cidades Inteligentes e Sustentáveis* baseia-se em pesquisas e estudos ambientais e urbanísticos realizados pelos seus editores e autores, e visa responder a uma forte demanda da sociedade para o enfrentamento dos desafios atuais relacionados à crescente concentração da população nos centros urbanos e à diversidade de problemas técnicos e políticos relacionados a esta dinâmica.

Esta publicação tem como objetivo disponibilizar conhecimentos e reflexões que possibilitem o debate sobre os desafios impostos pelo desenvolvimento urbano periférico e desigual, tanto em um contexto regional de expansão das cidades quanto local, por meio de soluções envolvendo sistemas inteligentes de eficiência energética, mobilidade urbana e construções sustentáveis, tendo em vista a melhoria da qualidade de vida.

Nesse contexto, os capítulos abordam as possibilidades de superação dos grandes entraves à sustentabilidade urbana, relacionadas a mobilidade, acessibilidade, práticas sustentáveis de construção, necessidade de reaproveitamento e disposição adequada de resíduos, de abastecimento de água e de melhorias nas condições de saneamento básico, e uso eficiente dos recursos energéticos disponíveis, via a efetiva aplicação dos marcos regulatórios existentes.

O primeiro capítulo apresenta o ponto de partida sobre os desafios conceituais do tema, tentando identificar as vozes e os discursos por trás do título "Cidades Inteligentes e Sustentáveis".

O segundo capítulo introduz as cidades como manifestações sociais e espaciais, e traz uma breve discussão sobre a mobilidade urbana, apresentada como um fenômeno que se manifesta no espaço e reflete as exigências e características da sociedade.

O terceiro capítulo apresenta uma visão geral sobre mobilidade urbana, focada no tema logística urbana de transporte de cargas perigosas nas cidades, abordando a mobilidade urbana para além do tempo gasto nos deslocamentos ao utilizar o transporte público. O acelerado crescimento urbano expõe a sociedade tanto aos riscos naturais pela desocupação desordenada do solo urbano, quanto aos riscos tecnológicos motivados pelo aumento do padrão de consumo.

A Organização das Nações Unidas (ONU) nomeou a década de 2014 a 2023 de "Energia sustentável para todos", contemplando três macro-objetivos: acesso universal à energia; energias renováveis e eficiência energética. Na proposição da ONU fica evidente que a promoção do desenvolvimento sustentável passa, necessariamente, por garantir que a energia fomente o desenvolvimento econômico de todos os países do mundo e busque a eficiência na sua produção e uso, com estímulo intenso à ampliação da oferta de energias renováveis na matriz energética mundial. Nesse sentido, energia e sustentabilidade são temas inseparáveis no mundo atual e, como a maior parte da população mundial vive nas cidades, essa agenda também se integra aos desafios no âmbito das cidades sustentáveis. A oferta de energia e o gerenciamento da demanda de energia em cidades são os temas do quarto e quinto capítulos.

Já o sexto capítulo aborda a necessidade de discussão de um novo paradigma, que é a sustentabilidade nas construções. A construção civil é um importante setor econômico, necessário ao desenvolvimento do país e responsável por significativos impactos ambientais que se estendem por toda sua cadeia produtiva, desde a extração das matérias-primas naturais até a utilização nos edifícios. As ferramentas que estão sendo e serão utilizadas para inserção da variável ambiental na construção civil é o assunto apresentado no sétimo capítulo.

Finalmente, no oitavo capítulo, destaca-se a importância da formação de profissionais com capacidade de desenvolver trabalhos de caráter técnico, científico e de gestão, de modo a contribuir com o desenvolvimento urbano inteligente e sustentável do país. Nesse contexto, é descrito o desenvolvimento do Programa de Pós-Graduação em Cidades Inteligentes e Sustentáveis em uma instituição de ensino superior do estado de São Paulo como estudo de caso.

É um livro inovador nessa temática, que busca proporcionar conhecimento e fomentar debates com foco na investigação de possibilidades de promoção da sustentabilidade urbana por meio de soluções envolvendo sistemas inteligentes de eficiência energética, mobilidade urbana e construções sustentáveis, tendo em vista a melhoria da qualidade de vida.

A presente obra surge, então, como contribuição para o desenvolvimento urbano inteligente e sustentável do nosso país. Isto posto, o livro torna-se referência para alunos e profissionais que atuam ou buscam ampliar seus conhecimentos na área de planejamento urbano e regional/demografia.

PARTE I

Introdução

1

Cidades inteligentes e sustentáveis: desafios conceituais e regulatórios

José Renato Nalini
Wilson Levy Braga da Silva Neto

INTRODUÇÃO

O tema "cidades inteligentes e sustentáveis" (em inglês, *smart and sustainable cities*) está no topo da agenda pública de debates sobre planejamento urbano. Trata-se, com segurança, de uma expressão que condensa uma multiplicidade de sentidos e que tangencia as atuais fronteiras, partindo do horizonte reflexivo da área. É, também, fortemente influenciado pelas demandas atuais das cidades do mundo – não apenas das cidades globais, ou das grandes megalópoles, mas também de uma quantidade crescente de cidades grandes e médias do mundo.

Nada obstante, o tema ainda não apresenta maturidade conceitual e regulatória. Uma série de fatores contribui para que este *status* seja mantido, e não caberia fazer uma lista exaustiva de seus motivos. O fato é que a força semântica da expressão parece perdida entre muitas abordagens superficiais e pouca preocupação dos aparatos regulatórios do Estado em incorporar essa nova gramática no interior dos processos formais de disciplina normativa.

Aparentemente, há, em curso, uma colonização ou apropriação dessa expressão para fins comerciais. Esse não é um problema em si, na medida em que a materialização de cidades inteligentes e sustentáveis não prescinde de um aparato considerável de aplicativos e componentes tecnológicos. O desafio repousa justamente na formulação de um desenho conceitual e em um entendimento mais homogêneo do que se está falando e do que se pretende com essa nova visão sobre a cidade.

Dito de outro modo, o entrave é entender o que se quer com a ideia de cidades inteligentes e sustentáveis, e que caminhos precisam ser percorridos para se chegar a esse desenho ideal. Sem um aparato conceitual sólido, persiste um risco significativo de se levar "gato por lebre", na famosa expressão popular. Afinal, ante a vagueza conceitual, mais simples se torna a tarefa de quem pretende vender, principalmente ao Poder Público, produtos de enorme valor agregado e pouca eficiência sistêmica, ou mesmo pouca utilidade prática. Evidente que o problema não está na venda em si: mesmo leituras superficiais associam a ideia de *smart cities* a aplicativos e soluções que ampliam a conectividade e conferem mais eficiência aos processos e à gestão urbana. Nada há de errado nisso. Pelo contrário, *start ups*, *labs* e outros espaços de produção de inovação crescem e geram quantidades significativas de recursos a cada ano. Dados apresentados pelo G1 (2014) indicam que este é um mercado que movimenta cerca de R$ 2 bilhões por ano.

É enorme, portanto, o papel dos centros produtores de conhecimento, e significativo é o papel do pesquisador. A Universidade Nove de Julho (Uninove), nesse sentido, exerce saudável protagonismo ao criar o primeiro programa homônimo, alicerçado na área de Planejamento Urbano e Regional da Coordenação de Aperfeiçoamento de Pessoal de Nível Superior (Capes). Esse é o ponto de partida deste breve capítulo, que pretende trazer à luz os problemas conceituais e regulatórios do tema "cidades inteligentes e sustentáveis", de modo a estimular a discussão da temática na esfera especializada da universidade e, em particular, da pós-graduação.

Trata-se de um ponto de partida importante. A expectativa, nesse sentido, é que, ao avançar em direção à construção dos conceitos relacionados ao tema, a universidade fortaleça não apenas as suas linhas de pesquisa, de matriz mais aplicada, mas contribua, decididamente, para fornecer subsídios para o avanço teórico da área de planejamento urbano e regional no Brasil.

Para tanto, este texto será dividido em duas partes. A primeira discorrerá sobre os desafios conceituais do tema, tentando identificar as vozes e os discursos por trás da ideia de "cidades inteligentes e sustentáveis". Este primeiro item tentará responder à pergunta: é possível, hoje, extrair uma unidade conceitual mínima em torno dessa ideia? Qual?

Em seguida, o foco recairá sobre o direito urbanístico, espaço privilegiado para o desenvolvimento de instrumentos normativos hábeis para disciplinar a matéria. Aqui, se procurará responder à pergunta: o estado teórico do direito urbanístico, no âmbito da legislação e, principalmente, das construções teóricas e doutrinárias, é suficiente para dar conta do desafio regulatório relacionado às cidades inteligentes e sustentáveis? Ademais, se buscará identificar qual o fundamento normativo básico para o desenvolvimento desse aparato legal.

CIDADES INTELIGENTES E SUSTENTÁVEIS: UM CONCEITO EM CONSTRUÇÃO?

Como dito na introdução, há pouca ou nenhuma unidade acerca do conceito de "cidades inteligentes e sustentáveis".

Há pouca discussão sobre o conceito de cidade, embora parte da literatura especializada entenda que a *urbe* representa mais a expressão física de uma determinada sociedade, optando por desenvolver os estudos sobre urbanização a partir do recorte denominado "território urbanizado" (Milani e Ribeiro, 2009). Seguindo uma visão modernista sobre o tema, de acordo com Costa (1995, p. 277), a cidade nada mais é do que a "expressão palpável da necessidade humana de contato, comunicação, organização e troca, numa determinada circunstância físico-social e num contexto histórico".

Ela materializa o intangível do tecido social, traduzindo em formas físicas o fabuloso produto das trocas culturais, do desenvolvimento, das vocações e, também, das contradições de um povo, que se faz representar por prédios, viários, agrupamentos comunitários, laborais e espaços de convívio. Evidentemente que outras áreas do conhecimento deram contribuições decisivas para a adequada conceituação da ideia de "cidade". Entretanto, é provável que, no estudo em desenvolvimento, elas não sejam úteis. Ou mesmo necessárias.

Se não há tantas dúvidas sobre a ideia de cidade, o mesmo não se pode afirmar em relação ao conceito de "inteligência" e mesmo de "sustentabilidade". Diante disso, restaria identificar o significado de ambos para se ter um panorama geral e, em seguida, começar a montar o quebra-cabeça conceitual que une as três expressões de modo a lhe conferir alguma coerência. Esse é o caminho mais óbvio, mas nem por isso o mais simples.

De acordo com o Dicionário Michaelis, "inteligência" é uma expressão polissêmica, que pode designar:

> ***sf*** (***lat intelligentia***) **1** Faculdade de entender, pensar, raciocinar e interpretar; entendimento, intelecto. **2** Compreensão, conhecimento profundo. **3** ***Filos*** Princípio espiritual e abstrato considerado como a fonte de toda a intelectualidade. **4** ***Psicol*** Capacidade de resolver situações novas com rapidez e êxito (medido na execução de tarefas que envolvam apreensão de relações abstratas) e, bem assim, de aprender, para que essas situações possam ser bem resolvidas. **5** Pessoa de grande esfera intelectual. **6** Conluio,

> ajuste, combinação. ***I. artificial:*** Parte da ciência da computação que trata de sistemas inteligentes, capazes de se adaptar a novas situações, raciocinar, compreender relações entre fatos, descobrir significados e reconhecer a verdade. ***I. artificial, Inform:*** projeto e desenvolvimento de programas de computador que tentam imitar a inteligência humana e funções de tomada de decisão, obtendo raciocínio e outras características humanas. Sigla: IA.

Como não se está buscando um significado acoplável a sentidos humanos de inteligência, restaria adotar a ideia de "inteligência artificial": "parte da ciência da computação que trata de sistemas inteligentes, capazes de se adaptar a novas situações, raciocinar, compreender relações entre fatos, descobrir significados e reconhecer a verdade". Afinal, da mesma maneira que a cidade é o resultado físico de um conjunto de elementos atinentes à cultura de um determinado agrupamento humano, ela também poderia ser vista como um *sistema*. Que tipo de sistema? Por certo um sistema complexo, posto que agrega um subsistema social e um subsistema espacial, cada qual dotado de dinâmicas internas próprias. Da junção entre os dois subsistemas, surgiria uma relação ecológica entre o ser humano e o ambiente. Agregar inteligência a esse sistema significa atribuir-lhe a capacidade de solucionar problemas próprios do funcionamento sistemático.

Uma cidade inteligente, nesse sentido, é uma cidade capaz de criar estruturas de gestão capazes de serem ativadas para atender a demandas próprias do caráter problemático que o espaço urbano, enquanto sistema complexo, (re)produz continuamente. Essas estruturas visualizam a cidade como um sistema complexo que deve ser todo interligado por redes de comunicação, as quais podem detectar problemas, emitir alarmes e, principalmente, direcionar fluxos de trabalho humano com foco na eficiência dos serviços públicos e controlar remotamente dispositivos e equipamentos das mais variadas interfaces.

De acordo com a World Foundation for Smart Communities, "Uma comunidade inteligente é aquela que fez um esforço consciente para usar a tecnologia da informação para transformar a vida e o trabalho dentro de seu território de forma significativa e fundamental, em vez de seguir uma forma incremental". O estudo é longevo, mas já compreendia que a tecnologia da informação exerce, no contexto de cidades inteligentes e sustentáveis, um papel central.

E quanto à sustentabilidade?

A ideia de sustentabilidade mereceria um trabalho específico, tamanha a sua variedade de abordagens. Ela se desenrola por meio de três grandes interfaces, todas capazes de se desdobrar em inúmeras análises paralelas: sustentabilidade ambiental, sustentabilidade econômica e sustentabilidade social. Dependendo da aplicação, uma ou mais interfaces podem preponderar, embora seja recomendável que as três estejam presentes para que uma determinada ação ou empreendimento seja considerado sustentável[1].

Por consequência lógica, uma cidade sustentável deveria observar os três componentes da sustentabilidade no seu planejamento. Isso incluiria temas como licitação verde, construções sustentáveis, redes de transporte coletivo baseadas em fontes renováveis de energia e destinação adequada de resíduos sólidos e efluentes líquidos. Incluiria também a adoção de certificações verdes e a incorporação de indicadores de avaliação que priorizassem a amortização de emissões de gases do efeito estufa e um processo contínuo de discussão que resultasse em revisões periódicas de critérios nessa seara, de modo que fossem cada vez mais rigorosos.

Ainda assim, não seria possível esquecer da sustentabilidade econômica dessas iniciativas, tema ainda pouco trabalhado e, principalmente, da sustentabilidade social, que envolve enfrentar os problemas sociais da cidade. Tais problemas tem por base, de acordo com inúmeros estudos, a exclusão territorial e a ideia de vulnerabilidade, que se desdobra em vulnerabilidade socioeconômica e vulnerabilidade civil. Por vulnerabilidade socioeconômica, pode-se entender que se trata da situação de ausência de proteção em relação à grande parcela dos componentes populacionais das grandes metrópoles. Vale dizer, é a falta de garantias no contexto dos direitos sociais, em especial o trabalho, a saúde e a educação, que, insuficientes, se entrelaçam com os problemas derivados da questão da qualidade habitacional, como a ausência de transporte público adequado e dos serviços públicos responsáveis por atenuar o desgaste típico da vida na cidade.

A vulnerabilidade civil, por sua vez, refere-se, de acordo com Lúcio Kowarick (2009, p. 19), ao âmbito da integridade física das pessoas, ou seja:

---

1 O tema ganhou impulso nos anos 1980, com a publicação do Relatório Brundtland, intitulado "Nosso Futuro Comum", pela Organização das Nações Unidas (ONU). Nesse documento, ficou assentado que era dever das nações envidar esforços pelo desenvolvimento sustentável, entendido como "o desenvolvimento que satisfaz as necessidades presentes, sem comprometer a capacidade das gerações futuras de suprir suas próprias necessidades". O texto introduz, nesse sentido, o componente intergeracional do desenvolvimento sustentável, que deve priorizar a garantia das condições de vida não só das presentes, como das futuras gerações. O tema retornou com força na encíclica *Laudato Sí* (Louvado Seja!), do Papa Francisco, quando disse "Já não se pode falar de desenvolvimento sustentável sem uma solidariedade intergeracional. Quando pensamos na situação em que se deixa o planeta às gerações futuras, entramos noutra lógica: a do dom gratuito, que recebemos e comunicamos. Se a terra nos é dada, não podemos pensar apenas a partir d'um critério utilitarista de eficiência e produtividade para lucro individual".

> Ao fato de vastos segmentos da população estarem desprotegidos da violência praticada por bandidos e pela polícia. Sua expressão máxima é o homicídio, mas também está presente nos assaltos ou roubos, espancamentos, extorsões e humilhações que fazem parte do cotidiano das famílias de baixos rendimentos. Frequentemente, essas ocorrências não entram no rol das estatísticas, seja porque as pessoas não acreditam nas instituições judiciárias, seja porque se calam por medo de represálias.

Embora este trabalho não pretenda descer às minúcias das condições e possibilidades de construção de cidades inteligentes e sustentáveis no Brasil, não se pode desprezar que este é um desafio de grande complexidade. Afinal, no Brasil convivem os mais diversos cenários de condições sociais e econômicas no território urbanizado. Pode-se dizer, sem medo de errar, que o país abriga cidades que estão na pré-modernidade, carentes de equipamentos e infraestrutura básica, como sistema de saneamento básico; na modernidade, com foco na dependência da energia fóssil e dos processos industriais tradicionais como vetores de desenvolvimento; e na pós-modernidade, cuja marca repousa na economia informacional, nas novas tecnologias de informação e comunicação e nos serviços como eixos de desenvolvimento.

Não raramente, aliás, as três configurações convivem no território de uma mesma cidade, agravadas pelos problemas e conflitos fundiários e *déficit* habitacional, pela divisão desigual dos bônus e ônus da urbanização e pela falta de planejamento. A ressalva é importante, porque agrega um conteúdo adicional à análise do tema das *smart and sustainable cities* no país.

Por falar em Brasil, a principal obra a respeito do tema "cidades inteligentes e sustentáveis" no país é o livro quase homônimo, publicado em 2012, escrito pelo arquiteto urbanista Carlos Leite, professor do programa de pós-graduação em Arquitetura e Urbanismo da Universidade Presbiteriana Mackenzie. No início da obra, o autor pontua que cidades sustentáveis são,

> Necessariamente, compactas, densas. Como se sabe, maiores densidades urbanas representam menor consumo de energia *per capita*. Em contraponto ao modelo "Beleza Americana" de subúrbios espraiados no território com baixíssima densidade, as cidades mais densas da Europa e da Ásia são hoje modelo na importante competição internacional entre as *global green cities*, justamente pelas suas altas densidades, otimizando as infraestruturas urbanas e propiciando ambientes de maior qualidade de vida promovida pela sobreposição de usos. (Leite, 2012, p. 13)

Cidades sustentáveis, também, devem

> operar segundo um modelo de desenvolvimento urbano que procure balancear, de forma eficiente, os recursos necessários ao seu funcionamento, seja nos insumos de entrada (terra urbana e recursos naturais, água, energia, alimento etc.), seja nas fontes de saída (resíduos, esgoto, poluição etc.). Ou seja, todos os recursos devem ser utilizados da forma mais eficiente possível para alcançar os objetivos da sociedade urbana. O suprimento, o manuseio eficiente, o manejo de forma sustentável e a distribuição igualitária para toda a população urbana dos recursos de consumo básicos na cidade são parte das necessidades básicas da população urbana e itens de enorme relevância na construção de novos paradigmas de desenvolvimento sustentável, incluindo desafios prementes, como o aumento da permeabilidade nas cidades. (Leite, 2012, p. 13)

A obra não se debruça sobre o desafio conceitual que envolve essa discussão, mas traz pistas daquilo que distingue as cidades sustentáveis das formas clássicas de apropriação do território: densidade maior, foco na eficiência das infraestruturas urbanas e sobreposição de usos nas edificações. É possível, com isso, chegar a um ponto de partida, que, contudo, não é nem um pouco conclusivo.

Cidades mais densas e com usos mistos não são uma novidade. Jane Jacobs, na célebre obra *Morte e vida de grandes cidades* (*Death and Live of Great American Cities*, 1961), já discorria sobre a importância desse modelo de urbanização, baseado na escala do pedestre e na diversidade como vocação do espaço, ainda que seu foco fosse a crítica do planejamento urbano racional, cuja principal referência é o urbanista Le Corbusier.

Não parece, todavia, que a ideia das *smart and sustainable cities* tenha o mesmo apelo dos movimentos por uma cidade mais orgânica, calcada em laços comunitários fortes, na qual a sociedade civil organizada assumiria um papel central na deliberação sobre os rumos do planejamento, que desabrochou nos anos 1960. Aquele momento foi, como dito, a consagração de um levante contra a ideia de que é possível construir as cidades segundo decisões verticais, sem se ter apego à história e sendo capaz de reconhecer as potencialidades da rua.

Ao que parece, os argumentos trazidos até este instante oferecem um patamar conceitual mínimo. Cidades inteligentes e sustentáveis seriam, então, cidades baseadas em um modelo inteligente de gestão, ancorado em tecnologias de informação e comunicação, cujo objetivo repousa em maneiras de viabilizar a sustentabilidade em todas as suas interfaces.

Inteligência, nesse sentido, seria meio, e sustentabilidade, fim. Ainda assim, faltaria uma ancoragem finalística mais ampla, que incluísse a sustentabilidade em um plano maior de concretização. Ou seja, como a sustentabilidade pode sair da esfera meramente programática – como uma meta, um objetivo a ser atingido (sem a indicação de um caminho para tanto) – e ser integrada a um comando normativo claro e estrutural?

Na experiência brasileira, esse comando existe? Se sim, qual é?

Um pouco dessa dúvida será desbravada no item seguinte. Mas essa é uma provocação que deve acompanhar os estudos sobre cidades inteligentes e sustentáveis, principalmente quando a abordagem envolver a aplicação de seus institutos no Brasil.

O DIREITO URBANÍSTICO: CENÁRIOS E PERSPECTIVAS PARA A REGULAÇÃO DAS CIDADES INTELIGENTES E SUSTENTÁVEIS

Em oposição ao caráter propedêutico e conceitual do item anterior, este dedicará espaço à compreensão do cenário específico da regulação no Brasil. A ideia, nesse sentido, é identificar o percurso de desenvolvimento do direito urbanístico brasileiro para compreender a sua evolução histórica e verificar as suas limitações frente ao desafio de regulação das cidades inteligentes e sustentáveis. A expectativa, novamente, é levantar questões para problematizar esse tema, de modo a estimular que os pesquisadores engajados nesse novo campo de estudos possam desdobrá-las e enriquecer suas análises e investigações.

Tradicionalmente, os estudos de direito urbanístico estavam tomados pelo que se pode denominar "fetiche do conceito", denotando certa compulsão pelo detalhamento técnico e vocabular das palavras que compõem seus institutos. Essa tendência pode ser observada por meio de simples leitura dos primeiros textos que fazem referência a esse novo repertório de direitos, em especial no âmbito do direito administrativo, do qual emanava as regras do chamado "direito de construir" (Leite, 2012, p. 13).

Essas referências doutrinárias pretendiam reproduzir o mesmo rigor empregado na descrição das competências e da atuação da administração pública, necessariamente minuciosas em razão da sensibilidade do tema "interesse público", embora referida ênfase pouco contribuísse para a efetividade dos regramentos aos quais se submetia a atuação estatal. Cada palavra, cada expressão e cada derivação conceitual era tributária de longas explicações, amparadas em referências do direito comparado mais avançado à época, ainda que ao custo da formação de verdadeira colcha de retalhos teórica, de duvidosa cientificidade.

Veja-se, por exemplo, o conceito de "zoneamento". Na literatura clássica, remonta à "repartição do território municipal à vista da destinação da terra, do uso do solo ou das características arquitetônicas", não indenizáveis, baseados no peculiar interesse do município na disciplina do uso e ocupação do solo urbano (art. 30, VIII, da Constituição Federal). Tem, ainda, natureza ligada à

> faculdade[2] que se reconhece ao Poder Público de intervir, por ação direta, na ordem econômica e social e, portanto, na propriedade e no direito de construir, a fim de, restringindo-os no interesse público, conformá-los e condicioná-los à sua função social. (Silva, 2012, p. 237)

Já se antevia sua condição de instrumento de planejamento urbanístico, destinado "a fixar os usos adequados para as diversas áreas do solo municipal. *Ou: destinado a fixar as diversas áreas para o exercício das funções urbanas elementares*" (Silva, 2012, p. 237, grifo nosso), o que não deixava de transparecer uma certa imprecisão conceitual, na medida em que não vinha acoplada a definição de "função urbana elementar". Quando muito, recorria-se a categorias etéreas, como o "interesse do bem-estar da população" ou "colocar cada coisa em seu lugar adequado, inclusive as atividades incômodas". E, a despeito de fixar usos adequados, naquele momento não podia o zoneamento se orientar a "satisfazer interesses particulares, nem de determinados grupos", a contradizer, talvez, a chamada "função social", que, nada obstante, sequer merecia grandes aprofundamentos.

No estudo do tema, havia espaço até mesmo para definições como os "espaços de trabalho" e seu significado, os "espaços de lazer" e sua conceituação, entre outras[3]. E também discussões sobre os tipos de zoneamento – se associados a usos exclusivos ou usos predominantes –, resgatando a influência de autores como Le Corbusier para o debate acerca da organização urbana[4].

---

2 Conforme sua conveniência e interesse?

3 Veja-se, por exemplo, a definição conferida por José Afonso Silva (2012, p. 239) para "habitar": "é ocupar uma casa ou um edifício para nele residir ou morar. No 'habitar' encontramos a ideia básica, etimológica, do 'ter muitas vezes', de 'habitualmente'; vale dizer: a ideia de habitualidade no permanecer ocupando uma edificação – o que faz sobressair sua correlação com o 'residir' e o 'morar'. 'Residir', etimologicamente residere (Latim), que siginificava 'assentar-se', ou 'estar sentado', ou 'permanecer', enquanto 'morar' (de morari) significava 'demorar', 'ficar'."

4 De acordo com Barbara Freitag (2013, p. 61), "Para Le Corbusier, o espaço urbano ideal deve ser visto como um quadrado quadriculado. Pelos vértices, passam as estradas. Dentro do quadrado, as quadras constituem os quarteirões, interligados por 'tesourinhas'. Essas ruas delimitam terrenos abertos, áreas verdes sobre as quais são erguidos modernos prédios (*"objets à reaction poétique"*). No centro, encontram-se 24 edifícios de 60 andares, erguidos segundo uma planta em forma de cruz. Importante para Le Corbusier é haver arejamento e muita luz, para eliminar – uma vez por todas – a sensação de aperto e constrangimento, escuridão e insalubridade, que para ele caracterizavam os bairros pobres de Paris. Esses prédios servem para funções administrativas e de

Debate, aliás, sempre técnico, nunca político, e muito menos participativo e concatenado com as demandas da sociedade civil organizada, a impor a noção de que o projeto era o grande protagonista do desenho das cidades. E um debate em absoluto vertical, porque gestado nas esferas especializadas do Estado, frente à realidade a ser ressignificada segundo o interesse público – ou então o que o Estado dizia ou entendia ser o interesse público. E, criado, deveria ser executado mediante uma política baseada na concessão de licenças (de obras e de construção) e no uso de meios como a interdição e demolição das edificações, de forma

> consciencioso e inteligentemente, com energia e justiça. *Trata-se de tarefa que deve incumbir a órgão local composto de técnicos com especial conhecimento da situação sobre a qual incidem aquelas normas e atos fixadores das zonas.* Sua eficácia requer vigilância e fiscalização constantes e rigorosas, mas, talvez, ainda exija mais orientação que sanção; mas esta deverá recair, sem vacilações, sobre infratores impertinentes. (Silva, 2012, p. 246, grifo nosso)

A tradição administrativista impregnava inclusive os contornos conceituais do direito urbanístico. Não se sabia ao certo se este se afigurava como uma disciplina autônoma ou referência ainda hesitante acerca de sua autonomia enquanto disciplina específica do saber jurídico. É o que indicava José Afonso da Silva (2012, p. 38) ao apontar o direito urbanístico,

> do ponto de vista científico, como ramo do direito público que tem por objeto expor, interpretar e sistematizar as normas e princípios reguladores da atividade urbanística. Seu objeto, portanto, consiste em expor, interpretar e sistematizar tais normas e princípios, vale dizer, estabelecer o conhecimento sistematizado sobre essa realidade jurídica.

Assinalava-se que era "muito cedo para definir seu domínio" (Silva, 2012, p. 39), o que denotava seu caráter de novidade – as primeiras preocupações concretas com o planejamento das cidades remontam ao governo de João Goulart, na década de 1960, que influenciava a forma de enxergar as leis urbanísticas.

---

serviços. Na parte leste, está previsto um centro cívico, atrás do qual se encontra uma enorme área verde. As quadras residenciais, com prédios de 12 andares ("*immeubles-villas*"), como grandes quadrados abertos, independentes entre si, estão conectadas às ruas de ligação. Configuram-se assim 108 unidades de moradia (superquadras?), por sua vez, constituídas de múltiplas *citrohans*. O trânsito baseia-se na rapidez do avião e do carro, mas prevê (mesmo que em redes separadas) trens e metrôs (suburbanos). O fora da nova cidade se encontrariam as cidades-jardim e os complexos industriais (Le Corbusier, 1974 e 1996)".

Era patente a centralidade executiva do Poder Público, fonte tanto das políticas necessárias ao ordenamento das cidades, concebida por corpo técnico especializado, como do poder de polícia administrativa. Esperava-se que o aparato então existente, de notável articulação para a época, sobretudo pela minuciosa descrição dos conceitos, abriria caminho para uma compreensão minimamente homogênea do tema, suficiente para diminuir os focos de tensão. Tratar-se-ia de operação lógica de enorme singeleza a verificação, nos casos concretos, de desconformidade entre uma dada situação e o comando legal, a ensejar a intervenção do Poder Público.

Não foi o que aconteceu, contudo. Há, nesse sentido, enorme consenso nos meios acadêmicos especializados[5] – a existência de uma rede consagrada de movimentos sociais que lutam pela reforma urbana só confirma essa suspeita – de que esse aparato permanece incapaz de impor formas adequadas de ocupação das cidades, mesmo após a Constituição Federal de 1988 ter instituído um capítulo dedicado à ordem urbana, do qual o art. 182 aparece como componente dotado de eloquente conteúdo: "art. 182 – A política de desenvolvimento urbano, executada pelo Poder Público municipal, conforme diretrizes gerais fixadas em lei, tem por objetivo ordenar o pleno desenvolvimento das funções sociais da cidade e garantir o bem-estar de seus habitantes."

Este artigo se insere em capítulo do texto constitucional derivado de iniciativa popular, que conclamou inúmeros atores (arquitetos, advogados e movimentos populares e acadêmicos). A gênese desse capítulo quebraria, aliás, o fundamento sob o qual o direito urbanístico era cenário restrito aos iniciados que dominassem seus conceitos e soubessem manejá-los de forma adequada.

Ainda assim, as cidades cresceram (e ainda crescem) de modo desregrado. Múltiplas causas concorrem para esse estado de coisas e não é importante, neste momento, entrar em detalhes. Não parece suficiente, ademais, em razão do alto grau de abstração da assertiva, relacionar o quadro ao caráter ambíguo ao qual esteve submetido o direito urbanístico em suas origens, oscilando entre os cânones da tradição privatística e a ordenação pública do direito de construir[6],

---

5 Para Maria Paula Dallari Bucci (2002, p. 337), por exemplo, há evidente "descompasso entre o refinamento técnico dos conceitos jurídicos empregados pelo nosso direito urbanístico nas áreas nobres das cidades em contraste com o abandono das áreas em que vivem as populações mais carentes, desamparadas pela mediação estatal".

6 De acordo com Carlos Ari Sundfeld, "conquanto as normas urbanísticas tenham antepassados ilustras (regulamentos edilícios, normas de alinhamento, as leis de desapropriação etc.), seria um anacronismo pensar em um direito urbanístico anterior ao século XX. O direito urbanístico é o reflexo, no mundo jurídico, dos desafios e problemas derivados da urbanização moderna (concentração populacional, escassez de espaço, poluição) e das ideias da ciência do urbanismo (como a de plano urbanístico, consagrada a partir da década de 30). Estes foram os fatores responsáveis

apesar da noção de propriedade privada estar arraigada na cultura jurídica brasileira como conteúdo de um direito quase absoluto.

Haveria, então, uma causa de natureza regulatória, na medida em que a ausência de instrumentos específicos de controle do uso e ocupação do solo urbano pelos municípios, no exercício da já aludida competência, aos quais o Poder Executivo pudesse recorrer para efetuar o planejamento urbano, dado o caráter geral do comando constitucional?

Esse instrumental legislativo bastaria por si só ou somar-se-ia a essa causa primeira também um problema de olhar, vale dizer, de tratamento dos problemas urbanos a partir de uma visão calcada em seu caráter multifacetado?

Uma resposta parcial pode ser dada por meio da regulamentação do art. 182 do Estatuto da Cidade (Lei n. 10.257/2001), com notável atraso de mais de uma década, e destinado a lidar com uma realidade marcada pelo *laissez-faire* urbano derivado tanto da herança colonial (inclusive nos reflexos legais da aplicação das ordenações manuelinas e afonsinas[7]) como da dimensão geográfica imanente ao modo de produção capitalista no Brasil[8] e também produto da industrialização do país[9]. Quadro caótico, tendente à megalopolização de

---

pelo paulatino surgimento de soluções e mecanismos que, frente ao direito civil e ao direito administrativo da época, soaram impertinentes ou originais e que acabaram se aglutinando em torno da expressão 'direito urbanístico'. Esse direito contrapôs-se ao direito civil clássico ao deslocar do âmbito puramente individual para o estatal as decisões básicas quanto ao destino das propriedades urbanas (princípio da função social da propriedade). Em consequência, ampliou o objeto do direito administrativo, para incorporar medidas positivas de intervenção na propriedade, deixando para trás as limitadas medidas de polícia, de conteúdo negativo". (Sundfeld apud Dallari e Ferraz, 2009, p. 46).

7 Sobre o tema, ver: Rolnik (2003).

8 Um panorama sobre o tema, embora não específico do Brasil, pode ser encontrado em Harvey (2006).

9 Há um grande consenso entre os sociólogos de que a cidade moderna, de um modo geral, nasce sob o signo da Revolução Industrial. Contudo, há diversas especificidades que fazem com que a resposta não seja tão óbvia ou, ao menos, apresente nuances que caracterizam caminhos e formatos de urbanização diferentes. O caso brasileiro, embora único, guarda similitude com as situações encontradas em países de capitalismo tardio, o que, de acordo com Manuel Castells, se dá sob o signo da dependência. A expressão remete aos estudos desenvolvidos por sociólogos como Fernando Henrique Cardoso e outros intelectuais vinculados à Comissão Econômica para a América Latina e Caribe (Cepal) e que, em síntese, discorre sobre os entraves ao desenvolvimento em sociedades periféricas. De acordo com essa ideia, tais sociedades subordinam-se a processos limitadores internos (tais como interações sociais incompletas ou viciadas por servilismos) e externos – estes, associados a trocas comerciais e políticas desiguais no plano das relações entre as nações.

centros urbanos marcados por crescimento desordenado e pela oposição evidente entre a cidade legal e a cidade ilegal[10].

A tentativa de dar conta de um passivo centenário de irregularidades urbanas, como se viu, foi um dos principais fios condutores do Estatuto da Cidade. Não se pode perder de vista, contudo, que sua missão era substancialmente maior e remetia à regulamentação dos arts. 182 e 183 da Constituição Federal de 1988, com o fim de detalhá-los, ainda que ao custo de deixar em aberto inúmeras questões.

Note-se, de início, que o dispositivo amplia a já instituída (no mesmo diploma legal) "função social da propriedade", por referir-se de maneira expressa às "funções sociais da cidade". Tudo sinalizando um *plus* que transcendia o caráter individual da função social da propriedade e submetia-o a um plano de maior complexidade e extensão e, por isso, incompatível com uma interpretação atomizada e isolada, típica das abordagens do direito privado.

Essa tendência holística foi recepcionada pelos estudos jus-urbanísticos posteriores. Em texto seminal, Jacques Alfonsin (2004, p. 60) aprofunda a reflexão em torno da expressão "função social da propriedade" e de sua compatibilidade com as aludidas "funções sociais da cidade". Para o autor,

> são os latifúndios, os grandes espaços urbanos que seus proprietários já destinaram à troca, originalmente, (às vezes em vazios territoriais) aqueles de quem se deve exigir o cumprimento da função social. Se qualquer função somente se justifica pela sua "propriedade", no sentido de adequação a uma determinada finalidade, à obtenção não meramente hipotética de um determinado resultado, parece claro que, no solo urbano, o principal obstáculo à extensão do direito de morar para todos (função social) é representado pelo valor de troca que preside o direito de propriedade privada sobre ele (preço).

---

10 Veja-se o diagnóstico já longevo produzido por Cândido Malta Campos Filho (2001, p. 54): "A retenção de terrenos nas zonas urbanas das cidades brasileiras atinge um valor em que dificilmente se pode acreditar, a não ser que se sobrevoem essas cidades ou se examinem estatísticas cadastrais municipais. Como aproximadamente a metade ou mais do espaço urbano brasileiro, nas médias e grandes cidades, está vazio, o cidadão que nelas habita anda, em média, pelo menos o dobro das distâncias que deveria andar, caso tais vazios inexistissem. Assim também o poder público é obrigado a pelo menos dobrar o seu investimento e o custeio das redes de serviços públicos, que dependem da extensão da cidade. Esse é o caso, por exemplo, da pavimentação de ruas e avenidas e sua manutenção; o da implantação e operação das redes de água e esgoto; o da iluminação pública; o da canalização das águas de chuva e dos córregos e rios que cruzam o espaço urbano e sua manutenção; o da implantação e operação da rede de energia elétrica. A implantação e operação do sistema de transporte coletivo é hoje um dos grandes problemas urbanos do país".

A afirmação de Alfonsin retoma ao mesmo tempo o diagnóstico efetuado por Cândido Malta e trazido no item anterior, e também um dos componentes principais da dinâmica econômica da cidade: a espoliação urbana[11]. Ao fazê-lo, o autor exterioriza indiretamente uma preocupação que marca esse passo seguinte dos estudos do direito na cidade[12]: a ampliação de sentidos e de referências informadoras. Tais conteúdos eram indispensáveis ao esforço de dar conta dos assentamentos humanos irregulares, que deixavam de ser caso de polícia para serem objeto de medidas concretas, legalmente previstas, de regularização fundiária.

Esta é uma interface importante, mas não exclusiva. Ou seja, ainda que no percurso de autonomização do direito urbanístico tenha havido um processo decisivo em direção à pauta das hipotecas sociais do Estado brasileiro, relacionadas ao direito social à moradia e à função social da propriedade urbana, pouco se avançou em direção a novos horizontes dessa área. Este diagnóstico, que não será aprofundado neste texto, tem inúmeras origens. Vícios ideológicos, próprios do pensamento progressista, tem obnubilado as demandas regulatórias de novas áreas, como as *smart and sustainable cities*, por entender que essa e outras pautas representariam uma forma de pensamento alienada das raízes contraditórias dos problemas urbanos no Brasil.

No fundo, o direito à cidade, como assinalado por Bianca Tavolari e outros, permanece como um conceito em disputa. E, a despeito dessa disputa, permanecem vivos campos em aberto. Um deles é a inovação.

Evidente que a regulação da inovação, tão necessária à ideia de cidades inteligentes e sustentáveis, não é papel exclusivo do direito urbanístico. O direito administrativo, por exemplo, tem papel fundamental. Ao permanecer preso a uma postura anacrônica, enxergando a função do Estado a partir da oposição legalidade-ilegalidade/permitido-proibido, inviabiliza um novo desenho estatal que faça da regulação um mecanismo de indução do desenvolvimento, e não a simples prescrição de comandos. Dito de outra maneira, o direito administrativo que o mundo da inovação espera é o direito administrativo que define regras, contemplando, nessa construção, a necessidade de estimular o avanço, e não de torná-lo inviável.

Uma indagação que se faz, como um convite à reflexão, nessa seara: a ideia de cidades inteligentes e sustentáveis pode ser incorporada ao conteúdo substancial (ainda em construção e, naturalmente, dinâmico) das funções

---

[11] O tema é explorado especialmente por Lúcio Kowarick (2009 e outras obras).

[12] Ainda não se fala aqui sobre "direito à cidade". A evolução deste conceito e seus desdobramentos pode ser vista, entre outros, em Tavolari (2015).

sociais da cidade, previstas no art. 182 da Constituição da República Federativa do Brasil, de 5 de outubro de 1988? Se este é o nosso projeto jurídico-político de nação, instrumento apto a desenhar a estrutura do Estado e a fornecer a projeção do modelo de sociedade que se pretende construir no Brasil, este modelo, historicamente situado, poderia contemplar na interface urbana o estímulo a essa forma de se planejar cidades?

De todo modo, ao abrir mão, ou ao silenciar, sobre os potenciais contidos nos novos contornos do planejamento urbano, a doutrina do direito urbanístico não só freia como também bloqueia o avanço dessa frente no Brasil. Notadamente, a dificuldade encontrada para regular novos aplicativos de mobilidade, como é o caso do Uber[13], sinaliza que este é um problema que tem impactos diretos sobre a atividade econômica no país, além de acirrar conflitos políticos e sociais.

Evidentemente que este é um desafio global. A velocidade das transformações está cada vez mais descompassada com a capacidade de o Estado responder com regulação adequada, inclusive nas nações mais desenvolvidas do globo.

CONSIDERAÇÕES FINAIS

O presente texto pretendeu levantar questões sobre o tema "cidades inteligentes e sustentáveis", explorando os desafios conceituais e regulatórios do tema.

Ele serve como um alerta, no sentido de que não se deve perder de vista as devidas ancoragens para situar o tema no contexto concreto da realidade brasileira e, principalmente, o que se pretende construir a partir dos potenciais contidos nessa nova maneira de se enxergar a cidade.

Não se pode perder de vista também que a ideia de cidades inteligentes e sustentáveis não é a panaceia para os graves problemas que persistem no modelo desordenado de urbanização do território brasileiro.

Estes possuem uma raiz estrutural bem mais ampla do que as soluções que as ferramentas de gestão e a sinalização de sustentabilidade são capazes de oferecer. Evitar o equívoco de atribuir a este novo horizonte reflexivo do planejamento urbano um papel que não lhe pertence é um pressuposto a essa discussão que está só começando.

---

13 O *think-tank* InternetLab produziu um amplo estudo sobre o tema, que merece destaque e recomendação. Mais detalhes podem ser obtidos em: http://www.internetlab.org.br/pt/tag/mobilidade-urbana/.

REFERÊNCIAS

ALFONSIN, J.T. A função social da cidade e da propriedade privada urbana como propriedades de funções. In: ALFONSIN, B.; FERNANDES, E. *Direito à moradia e segurança da posse no Estatuto da Cidade*. Belo Horizonte: Editora Fórum, 2004.

ALFONSIN, B.; FERNANDES, E. *Direito à moradia e segurança da posse no Estatuto da Cidade*. Belo Horizonte: Editora Fórum, 2004.

CAMPOS FILHO, C.M. *Cidades brasileiras: seu controle ou o caos – o que os cidadãos devem fazer para a humanização das cidades no Brasil*. 4.ed. São Paulo: Studio Nobel, 2001.

COSTA, L. *Registro de uma vivência*. Brasília: UnB, 1995.

DALLARI, A.A.; FERRAZ, S. *Estatuto da Cidade*. 3.ed. São Paulo: Malheiros Editores, 2009.

DALLARI BUCCI, M.P. Gestão democrática da cidade. In: DALLARI, A.A.; FERRAZ, S. *Estatuto da Cidade*. São Paulo: Malheiros, 2002.

FREITAG, B. *Teorias da cidade*. 4.ed. Campinas: Papirus, 2013.

G1. *Mercado de startups cresce no Brasil e movimenta quase R$ 2 bi*. Disponível em: http://g1.globo.com/economia/pme/noticia/2014/01/mercado-de-startups-cresce-no-brasil-e-movimenta-quase-r-2-bi.html. Acesso em: 21 maio 2016.

HARVEY, D. *A produção capitalista do espaço*. Trad. Carlos Szlak. 2.ed. São Paulo: Annablume, 2006.

DICIONÁRIO MICHAELIS DA LÍNGUA PORTUGUESA. Disponível em: http://michaelis.uol.com.br/moderno/portugues/index.php?lingua=portugues-portugues&palavra=intelig%EAncia. Acesso em: 15 maio 2016.

KOWARICK, L. *Viver em risco: sobre a vulnerabilidade socioeconômica e civil*. São Paulo: Editora 34, 2009.

LEITE, C. *Cidades sustentáveis, cidades inteligentes – desenvolvimento sustentável num plano urbano*. Porto Alegre: Bookman, 2012.

MILANI, C.R.S.; RIBEIRO, M.T.F. (Orgs.). *Compreendendo a complexidade socioespacial contemporânea – o território como categoria de diálogo interdisciplinar*. Salvador: EDUFBA, 2009.

MONGIN, O. *A condição urbana – a cidade na era da globalização*. Trad. Letícia Martins de Andrade. São Paulo: Estação Liberdade, 2009.

PAPA FRANCISCO. *Laudato sí – sobre o cuidado da casa comum*. Disponível em: http://w2.vatican.va/content/francesco/pt/encyclicals/documents/papa-francesco_20150524_enciclica-laudato-si.html. Acesso em: 20 abr. 2016.

ROLNIK, R. *A cidade e a lei*. 2.ed. São Paulo: Studio Nobel, 2003.

SAULE JÚNIOR, N. *A proteção jurídica da moradia nos assentamentos irregulares*. Porto Alegre: Sergio Antonio Fabris Editor, 2004.

TAVOLARI, B. *Right to the city: a concept in dispute*. Resumo disponível em: https://isaconf.confex.com/isaconf/forum2012/webprogram/Paper25242.html. Acesso em: 10 out. 2013.

SILVA, J.A. *Direito urbanístico brasileiro*. 7.ed. São Paulo: Malheiros Editores, 2012.

WORLD FOUNDATION FOR SMART COMMUNITIES. *Ten steps to becoming a smart community*. Disponível em: http://www.smartcommunities.ncat.org/management/tensteps.shtml. Acesso em: 15 maio 2016.

Parte II

Mobilidade Urbana

2

A crise de mobilidade urbana brasileira e seus antecedentes socioespaciais

Cristiano Capellani Quaresma
Maurício Lamano Ferreira
Fábio Ytoshi Shibao
Mauro Silva Ruiz
Geraldo Cardoso de Oliveira Neto

INTRODUÇÃO

As cidades, entendidas como manifestações sociais e espaciais, tratam da síntese viva de sistemas de objetos e de sistemas de ações atuais e pretéritos.

Assim, o entendimento de seus problemas atuais, dentre os quais, a necessidade de movimento e os entraves à fluidez de mercadorias, pessoas e informações, devem ser abordados a partir da consideração da historicidade dos fenômenos socioespaciais responsáveis pelas formas e processos do presente, sem negligenciar as dinâmicas próprias do período atual.

Este capítulo inicia-se com uma breve discussão sobre o conceito de mobilidade urbana, abordando suas dimensões física e informacional. Na sequência, alguns pontos da denominada crise atual de mobilidade urbana brasileira serão abordados. Por fim, antecedentes históricos dessa crise serão resgatados, a partir da análise das transformações socioespaciais associadas ao processo de urbanização, sendo este caracterizado pela lentidão, aceleração e desigualdade.

O CONCEITO DE MOBILIDADE URBANA NO PERÍODO ATUAL

De acordo com Boareto (2008), o conceito de mobilidade urbana é recente, tanto para o governo federal como para a maioria das cidades, sendo necessárias maiores discussões, com vias à sua melhor definição e utilização.

A lei n. 12.587, de 3 de janeiro de 2012, que institui as diretrizes da Política Nacional de Mobilidade Urbana, expõe em seu primeiro artigo que esta se trata de instrumento da política de desenvolvimento urbano, objetivando "a integração entre os diferentes modos de transporte e a melhoria da acessibilidade e mobilidade das pessoas e cargas no território do Município" (Brasil, 2012).

O artigo terceiro da mesma Lei afirma que o sistema nacional de mobilidade urbana se trata de um "conjunto organizado e coordenado dos modos de transporte, de serviços e de infraestruturas que garantem os deslocamentos de pessoas e cargas no território do Município" (Brasil, 2012).

O primeiro parágrafo deste último artigo define os modos de transporte urbano em motorizados e não motorizados, ao passo que, no segundo parágrafo, os serviços de transporte urbano são classificados quanto ao objeto (passageiros ou cargas), quanto à característica do serviço (coletivo ou individual) e quanto à natureza do serviço (público ou privado). Por fim, o terceiro parágrafo define o que se entende na lei por infraestruturas de mobilidade urbana, a saber: vias e demais logradouros públicos; estacionamentos, terminais, estações e demais conexões; pontos para embarque e desembarque de passageiros e cargas; sinalização viária e de trânsito; equipamentos e instalações; e instrumentos de controle, fiscalização, arrecadação de taxas e tarifas e difusão de informações.

Ainda sobre a referida lei, o inc. 2º do art. 4º define mobilidade urbana como a "condição em que se realizam os deslocamentos de pessoas e cargas no espaço urbano" (Brasil, 2012).

A visão de mobilidade urbana expressa na lei e exposta nos parágrafos anteriores permite verificar que as preocupações referentes ao tema se concentram nos fluxos materiais, a saber de pessoas e de coisas, bem como exclui um outro tipo de mobilidade, indispensável à realidade atual, a saber a mobilidade informacional.

De acordo com Claval (1999), não se pode obter uma compreensão das formas de organização do espaço e de suas tensões, sem que se leve em consideração as dinâmicas culturais, as quais, segundo o autor, contribuem para o entendimento das contradições das grandes metrópoles.

O mesmo foi defendido por Lemos (2009), que, baseando-se no conceito de espaço como produto social, conforme adotado por Lefebvre (1991), destacou que a mobilidade deve ser vista como produto cultural.

Sugere-se que mais do que cultural, a mobilidade deve ser analisada como produto socioespacial.

A cidade informacional do século XXI, a qual, conforme Lemos (2009), encontra na cultura da mobilidade o seu princípio fundamental, e caracteriza-se pela mobilidade de pessoas, objetos, tecnologias e informação sem precedentes na história, aproxima-se da discussão do meio técnico-científico-informacional, conforme definido por Santos (2002).

O meio técnico-científico-informacional trata do terceiro e mais recente período que marca a construção e o uso do território pela sociedade.

De acordo com Santos e Silveira (2001), pode-se diferenciar duas fases deste meio no Brasil. A primeira trata-se do estabelecimento do meio técnico-científico, na década de 1970, pela revolução nas telecomunicações, que permitiu a difusão do meio técnico, antes limitado a pontos e manchas no território. A segunda fase refere-se ao meio técnico-científico-informacional propriamente dito, o qual passa a configurar o espaço graças às possibilidades da globalização e da circulação de informação e finanças, distinguindo os lugares e reforçando a importância do que o autor chama de "região concentrada".

Tais realidades, relativamente recentes na história das cidades, têm exigido a renovação de ferramentas conceituais de análise e interpretação, para fins de entendimento do conjunto de objetos e de ações pertencentes ao espaço urbano atual.

Análises e proposições de ações baseadas exclusivamente em arcabouços teóricos ligados a uma realidade passada correm o risco de se perderem no entendimento do presente, ou de apontarem relações causais equivocadas, que podem contribuir para o agravamento dos problemas existentes, em vez de permitirem a proposição de soluções efetivas para os mesmos.

Assim, concordamos com Santos (1995), quando este afirma que a possibilidade de os saberes antigos sucumbirem aos saberes novos faz com que os prisioneiros de uma visão imobilista corram o risco de ficar à deriva diante da tarefa de interpretação do presente.

É certo que o processo de transformação da sociedade industrial em sociedade informacional ainda não se completou inteiramente em nenhum país, mas para que se tenha uma adequada percepção da realidade presente e para que se possa presumir o futuro, torna-se necessário que "o modelo analítico adotado seja tão dinâmico quanto a realidade em movimento e reconheça o comportamento sistêmico das variáveis novas que dão uma significação nova à totalidade" (Santos, 1991).

Pode-se dizer que a mesma exigência se aplica ao arcabouço conceitual utilizado na análise. Assim, no período atual, devem ser consideradas ao menos duas das dimensões da mobilidade, conforme apontada por Deleuze e Guattari (1980) apud Lemos (2009), a saber, a física, inerente às pessoas e coisas, e a informacional.

Concordamos com Lemos (2009, p.19) quando ele afirma que:

> A mobilidade informacional-virtual tem impactos diretos sobre a mobilidade física e sobre o lugar e o espaço onde opera, e vice-versa. Não podemos dissociar comunicação, mobilidade, espaço e lugar. A comunicação é uma forma de "mover" informação de um lugar para outro, produzindo sentido, subjetividade, espacialização.

As transformações das relações entre pessoas e espaços urbanos, provocadas pelas novas tecnologias da informação e comunicação, a exemplo dos dispositivos e redes sem fio, têm criado novas formas de mobilidade.

Esta recente fase da mobilidade marca uma nova relação da sociedade com o espaço e com o tempo, permitindo a criação de novas territorialidades informacionais (Lemos, 2007).

Mas as redes de fluxo imaterial, tais como as redes de fluxo material, produzem fragmentação e segregação e espaços de inclusão, de exclusão, de fluidez e de viscosidade (Santos, 2002).

Assim como Sposito (2013) que, ao analisar a questão da segregação socioespacial, afirma estar à procura da superação do conteúdo original do conceito, em termos teóricos e em relação à realidade, sem, contudo, negar o conceito original, mas o incorporando ao processo contemporâneo, também procurou-se caminhar na mesma direção em relação ao conceito de mobilidade.

Reconhecendo a importância dos fluxos materiais e informacionais no atual período que caracteriza o meio urbano, adotamos, no presente trabalho, o conceito de mobilidade urbana, como inserido no conceito de mobilidade espacial, que, segundo Castillo (2012), trata-se da capacidade inerente ao agente urbano (empresa, indivíduo, instituição) de se deslocar, bem como de fazer deslocar bens ou mercadorias (fluxos materiais) e informações (fluxos imateriais).

A mobilidade, deste modo, se coloca enquanto possibilidade e, para que se efetive, necessita da conjugação favorável dos sistemas determinantes, que caracterizam a acessibilidade. Esta, segundo Castillo (2012), trata-se do conjunto formado pelos meios materiais (condições de infraestrutura, tais como sistemas viários, antenas de telefonia móvel, cabos de fibra ótica etc.), pelas regulações (normas e instrumentos urbanísticos) e pelos serviços (internet, telefonia, transporte etc.). A reunião destes sistemas determinantes em um subespaço e em condições favoráveis permite oferecer a um agente urbano a possibilidade de se deslocar ou de fazer movimentar bens e informações para lugares específicos, centrais ou periféricos.

CRISE DE MOBILIDADE

De acordo com Rolnik e Klintowitz (2011), com base em dados da Companhia de Engenharia e Tráfego (CET), o recorde de engarrafamento na cidade de São Paulo foi quebrado duas vezes no mesmo dia no ano de 2009, correspondendo a 294 km de vias congestionadas.

Segundo as autoras, analisando a primeira década do século XXI, a média diária de engarrafamentos correspondeu a 118 km nas horas de maior tráfego, o que contribuiu para uma média de velocidade do trânsito de 19,30 km/h durante as horas do *rush* nos períodos da manhã e da tarde, entre os anos 2000 e 2008. Além disso, o tempo médio gasto diariamente pelos paulistanos no trânsito correspondeu a 2 horas e 42 minutos, dados que revelam que, a cada mês, um residente da cidade de São Paulo gastou em média 2 dias e 6 horas, ou, ao longo de um ano, gastou 27 dias no trânsito.

Mais recentemente, a CET verificou o maior congestionamento já registrado na cidade de São Paulo, a saber, 344 km, no dia 23 de março de 2014. Este dado permite observar que o problema tem se agravado nos últimos anos com sérias consequências que envolvem aspectos ambientais e de saúde pública.

Um dos problemas que acompanham o exacerbado valor de congestionamento na cidade de São Paulo é o excedente da contaminação atmosférica emitida pela frota veicular. Segundo Paulo Hilário Saldiva, professor titular do laboratório de patologia clínica da Universidade de São Paulo, a poluição atmosférica oriunda da frota automotiva pode causar envelhecimento dos órgãos e tecidos do corpo humano em casos de exposições crônicas. Além disso, o médico ressalta o risco de atropelamentos e acidentes associados ao principal modal de transporte da quarta maior cidade do planeta, podendo causar incapacidade física permanente ou amputação de membros (Fioravanti, 2016).

Além de comprometer a saúde das pessoas, a poluição atmosférica da frota veicular também interfere na biota presente em áreas urbanas. As plantas, por exemplo, podem apresentar problemas deletérios que variam desde o nível celular ou tecidual até a escala da comunidade (Iriti e Faoro, 2008; Dizengremel et al., 2008). Embora haja inúmeras ações que minimizam as emissões atmosféricas, como a troca de catalisadores dos automóveis ou até mesmo o uso de fontes energéticas menos poluentes, a questão da mobilidade urbana deve ser discutida na interface das questões sociais, econômicas e ambientais, considerando não somente a possibilidade de outros modais no cotidiano citadino, mas também a redistribuição das atividades econômicas e a descentralização da cidade.

Com isso, torna-se um grande desafio atrelar os problemas da ineficiência do modal rodoviário urbano, em grande parte de médias e grandes cidades brasileiras, aos problemas relacionados ao meio ambiente natural e à saúde pública.

Diante desse quadro, grande parte dos cidadãos tem percebido o estado de crise na mobilidade, bem como os reflexos desta em sua qualidade de vida. Segundo o Ibope (2014), os paulistanos apontaram o trânsito como um dos principais problemas da cidade de São Paulo, ficando atrás apenas dos relativos à saúde, segurança pública e educação. A pesquisa realizada pela Rede Nossa São Paulo (2016) revelou que 70% dos paulistanos entrevistados classificaram o trânsito na cidade de São Paulo como ruim ou péssimo e que o tempo médio diário de deslocamento para a realização de atividades principais foi de 1 hora e 44 minutos. Este valor aumenta quando se considera o tempo médio gasto no trânsito para a realização de todos os deslocamentos diários, atingindo o valor de 2 horas e 46 minutos.

Deste modo, é possível observar que, no ano de 2014, os residentes da cidade de São Paulo gastaram, em média, 2 dias e 18 minutos por mês ou 27 dias e 16 horas ao longo do ano no trânsito.

Estes dados demonstram o agravamento contínuo dos congestionamentos e da crise de mobilidade, os quais, apesar de não serem suficientes para gerar o colapso ou travamento total do trânsito, podem, de acordo com Scaringella (2001), aumentar o grau e a extensão da área de deterioração do mesmo, ampliando a degradação e o grau de viscosidade urbanos.

De acordo com Rolnik e Klintowitz (2011), o problema do trânsito afeta especialmente a parcela da população que depende do transporte público. As autoras se basearam na pesquisa de Origem e Destino, realizada em 2007 pelo Metrô/SP. Segundo esta pesquisa, o tempo de viagem dos usuários de transporte público foi de 2,13 vezes maior do que aquele referente aos motoristas de carro.

Ainda, segundo as autoras, considerando que 74% das viagens em veículos motorizados realizadas pela população com renda de até quatro salários mínimos ocorrem por meio da utilização de transporte público e, tendo em vista que esse valor cai para 21% das viagens realizadas pela população com renda acima de 15 salários mínimos, é possível afirmar que, dentre os usuários do transporte público motorizado, a população de baixa renda é a que mais sofre com os problemas de trânsito.

Considerando o trânsito como uma disputa pelo espaço, pelo tempo e pelo acesso aos equipamentos urbanos, a qual faz surgir conflitos de interesse entre grupos sociais distintos (Araújo et al., 2011), pode-se verificar a perda nesta disputa por parte da população menos favorecida.

Para Gomide (2006), a privação do acesso das populações de baixa renda das grandes metrópoles brasileiras aos serviços de transporte coletivo, além de agredir seu direito previsto na Constituição Federal de 1988, reduz suas oportunidades, uma vez que impede o acesso desta parcela da população aos serviços oferecidos pela cidade, tais como educação, saúde, lazer e emprego.

O referido autor também aponta que, para o ano de 2002, o número de deslocamentos da parcela da população, com renda familiar maior que 20 salários mínimos, atingiu o dobro do valor referente às famílias com níveis mais baixos de renda. Sendo que, para as famílias com rendas familiares de até três salários mínimos mensais, ocorre o predomínio de viagens a pé.

Alves (2013), ao analisar dados de pesquisa realizada pelo Observatório das Metrópoles, aponta uma ampliação do número de pessoas que se deslocam a pé na região metropolitana de São Paulo, em função da falta de recursos financeiros. Para a autora, a insuficiência de recursos dessa parcela da população, associada às dificuldades de locomoção na escala metropolitana, limita o acesso a melhorias socioeconômicas. Por fim, a autora conclui que a imobilidade física, em razão da falta de acesso, contribui para a imobilidade social, dadas as limitações à inserção no mercado de trabalho.

Para Gomide (2006), dois fatores influenciam a exclusão do acesso das famílias de baixa renda, a saber, as tarifas elevadas dos serviços, incompatíveis com seu rendimento, e a oferta inadequada dos serviços (traduzida em demora de ônibus e pontos distantes), especialmente para as áreas periféricas da cidade.

Para o referido autor, a falta de acesso aos serviços de transporte coletivo e as condições inadequadas de mobilidade urbana da população mais pobre aprofundam a segregação socioespacial e reduzem as oportunidades de acesso ao trabalho, educação e lazer.

Os atrasos constantes verificados na prestação de serviços de transporte público, em especial por ônibus, têm gerado constantes discussões e protestos pela parcela da população que, em grande parte, possui somente esse tipo de transporte como alternativa.

Tais problemas são explicados principalmente pelo mau gerenciamento do sistema de transporte público, fato que pode ser melhorado por meio da utilização das novas tecnologias da informação. Entretanto, segundo Silva (2000), os investimentos em tecnologias avançadas são modestos, concentrando-se na aquisição de equipamentos destinados ao controle da evasão de receitas.

A URBANIZAÇÃO BRASILEIRA: ORIGENS DA CRISE

O rápido crescimento da população vivendo em cidades, associado à falta de planejamento, tem sido, em grande parte, a gênese dos problemas de mobilidade urbana. De acordo com o relatório apresentado pelo Departamento de Assuntos Econômicos e Sociais das Nações Unidas para o ano de 2014, 54%

da população mundial vivia em cidades. Este número, em 1950, representava 30% e, segundo as projeções, chegará a 66% em 2050 (United Nations, 2014). Entretanto, a transição urbana não se processou de maneira homogênea entre os diversos países do globo.

De acordo com Santos (2008), a urbanização dos países do Sul, conforme denominação adotada pelo autor, caracterizou-se pelo desenvolvimento acelerado e pela falta de planejamento, que resultaram no crescimento descontrolado das cidades.

Tomando como exemplo o caso do Brasil, grande parte dos problemas enfrentados em suas grandes e médias cidades, dentre os quais os problemas de mobilidade, podem ser entendidos pela maneira tardia, acelerada e desigual com que se processou o desenvolvimento urbano neste país.

O Brasil se insere na economia mundial no final do século XIX, porém ainda atrasado técnica e industrialmente, com uma economia baseada na exportação de produtos agrários e sob o domínio da aristocracia rural, a qual não possuía interesses no desenvolvimento da indústria interna.

Assim, quando os países centrais do capitalismo já haviam realizado a Segunda Revolução Industrial, o Brasil entra no século XX, fazendo parte da divisão internacional do trabalho como um país exportador de produtos primários, caracterizado pelo atraso técnico e industrial.

Dentre as causas apontadas para esse atraso, podem ser citadas a presença de um Estado desvinculado de interesses industriais e dominado pela aristocracia agroexportadora, a permanência da mão de obra escrava até 1888, que reduzia os potenciais de desenvolvimento de um mercado interno relevante e uma configuração espacial voltada para a exportação de produtos agrícolas e que criava obstáculos à articulação dos espaços internos.

É possível afirmar que os elementos que contribuíram para o retardatário processo de industrialização também responderam pela demora no processo de urbanização. Desse modo, novamente as elites agrárias e a permanência da mão de obra escrava desempenharam papel crucial no atraso do desenvolvimento dos núcleos urbanos nacionais.

Os estímulos da colonização portuguesa para a produção do território e da urbanização, desde o seu início voltados para a exportação de produtos agrícolas, levaram ao surgimento dos primeiros núcleos urbanos brasileiros nas proximidades da faixa litorânea.

De acordo com Scarlato (2005), diferentemente do padrão de colonização espanhola, as cidades litorâneas brasileiras se constituíram em uma extensão do mundo rural e, deste modo, exerciam suas funções, centradas nas atividades portuária e militar, sob o domínio das oligarquias agrárias, as quais ditavam as regras da vida pública. Porém, as famílias pertencentes a tais oligarquias, residindo nos domínios rurais na maior parte do ano, se dirigiam aos centros urbanos em ocasiões específicas voltadas às festividades e raramente permaneciam nas cidades.

O reduzido interesse no desenvolvimento dessas cidades, em sentido diferente daquele preestabelecido, a saber o de centros destinados à exportação, perdurou até a chegada da família real em 1808, traduzindo-se em importante obstáculo ao crescimento efetivo e ordenado das mesmas. Assim:

> O plano das cidades brasileiras, fossem elas litorâneas ou do interior, ligadas à mineração, refletia seu crescimento espontâneo e desalinhado. Praças e ruas surgiam de forma muito desordenada. O alinhamento das ruas e das casas resultava da iniciativa particular dos seus moradores. (Scarlato, 2005, p. 418)

Mesmo com o surgimento das cidades interioranas e com o dinamismo das cidades portuárias, tendo em vista a fase de mineração no século XVIII, a permanência das relações de produção escravistas também inibiu o desenvolvimento dos centros urbanos, já que a falta de mão de obra assalariada não permitia a criação de um mercado de consumo interno.

Esta realidade começa a mudar no final do século XIX, com a abolição da escravatura e o fortalecimento das relações assalariadas de produção. Assim:

> a circulação do dinheiro dos salários criou condições para o desenvolvimento dos mercados urbanos. As cidades passaram a abrigar um número crescente de trabalhadores livres empregados em atividades terciárias, estimuladas pela forma empresarial como os fazendeiros organizavam sua economia. (Scarlato, 2005, p. 425)

Também contribui para a mudança a criação de novas cidades interioranas, proporcionadas pela ferrovia, pelo sucesso da economia cafeeira e pelo incentivo à imigração, no final do século XIX e na primeira metade do século XX.

Importante mencionar que, apesar do papel significativo das ferrovias como sistema de transporte moderno, nas novas transformações socioespaciais, bem como na criação e no fortalecimento de novas cidades, a lógica de distribuição de seu traçado continua atrelada aos interesses dos comerciantes de café (Monbeig, 1984) e ao mercado consumidor externo, pouco contribuindo para o desenvolvimento endógeno e para o reforço da economia nacional.

Portanto, ao contrário das cidades de países desenvolvidos, que, ao atingirem certo grau de crescimento, investiram em transportes modernos por meio de recursos endógenos, as cidades brasileiras buscaram seus recursos econômicos junto aos países industrializados. Desse modo, a reorganização do espaço nacional, além de significar bons rendimentos a esses países, estava submetida à servidão e a uma lógica conflitante com a integração interna (Santos, 2012).

Além disso, apesar de representar o período técnico do território brasileiro e de proporcionar avanços significativos no modal de transporte utilizado, o sistema ferroviário não foi capaz de criar uma desejada solidariedade territorial, o que ocorreu por dois motivos. O primeiro trata-se das diferenças de ordem técnica, expressas pelas variações de dimensões das larguras entre trilhos, que impediam o transbordo eficiente em pontos de intersecção. O segundo refere-se ao traçado das linhas, que, configurado para atender aos interesses do escoamento dos produtos primários para o mercado externo, ligava as regiões do interior às cidades portuárias, dificultando o seu aproveitamento para fins de integração solidária entre as regiões internas (Josef Barat, 1996 apud Contel, 2001).

Assim, diferentemente das cidades de países desenvolvidos, nos quais a ferrovia teve papel fundamental em sua arrancada industrial em paralelo à integração do território, as cidades dos países subdesenvolvidos, a exemplo do Brasil, surgem como corpos estranhos em relação ao meio ao qual pertencem, estabelecendo com este relações espaço-temporais descontínuas e conflitantes (Santos, 2012).

Se as fases anteriores são caracterizadas pela morosidade no processo de industrialização e urbanização, a nova fase, iniciada nas primeiras décadas do século XX, caracteriza-se pela aceleração.

As cidades, antes desprezadas, agora são vistas como símbolo de oportunidades e passam a atrair um grande contingente de pessoas esperançosas pelas oportunidades que surgiam na indústria crescente e no setor de serviços.

De acordo com Villela e Suzigan (1973), do final do período colonial ao final do século XIX, o índice de urbanização no Brasil sofreu pouca alteração. No período entre os anos de 1890 e 1920, os índices passam de 6,8% a 10,7%, respectivamente. Porém, nas duas décadas seguintes, o índice quase triplica, alcançando 31,24% da população brasileira no ano de 1940.

Santos (2008) destaca a inversão ocorrida entre os anos de 1940 e 1980, para os quais as taxas de urbanização foram de 26,35% e 68,86%, respectivamente. Os números apresentados por Scarlato (2005), baseados no anuário estatístico do IBGE de 1990, para os mesmos anos, apresentam variações, sendo 31,23% e 67,59%, respectivamente. De qualquer forma, verifica-se que o Brasil se transformou de um país predominantemente rural a um país predominantemente urbano em um período de apenas quarenta anos.

De acordo com Vandermotten (1985) apud Santos (2008), tal evolução dos números da urbanização no Brasil foi alcançada por países desenvolvidos em um período superior a um século. Assim, tomando-se como exemplo a Bélgica, sua população urbana evolui de 31% em 1846, passando por 49% em 1900 e chegando a 61% em 1970.

De 1980 até o presente, a concentração da população brasileira em áreas urbanas só aumentou, atingindo 77,13% em 1991 e 84,36% em 2010. Esses valores são muito mais expressivos quando se considera o crescimento absoluto da população brasileira, que apresentou valor de 41.236.315 de habitantes em 1940, e de 190.755.799 de habitantes em 2010 (Censo Demográfico, 2010).

As mudanças nos números da população brasileira se explicam pelas altas migrações voluntárias, motivadas sobretudo por condições socioeconômicas.

Uma primeira fase desse grande fluxo migratório pode ser observada no final do século XIX e, mais precisamente, nos primeiros anos do século XX, após a abolição da escravatura em 1888.

Costa (2015) apontou que, em 1872, havia 274.972 habitantes (livres e escravos) na cidade do Rio de Janeiro, passando para 522.651 em 1890 e chegando a 1.157.873 em 1920.

Rios e Mattos (2005) apud Costa (2015), após a aplicação de entrevistas aos descendentes diretos de escravos libertos, verificaram que a parcela da população negra, migrante para as áreas urbanas em ascensão, tratava-se de filhos e netos de escravos libertos, havendo assim uma tendência inicial, pós-abolição, de permanência dessa população nas fazendas ou em terras adquiridas em áreas rurais.

De qualquer modo, a grande massa de população negra, correspondendo a um terço da população no fim do Império, busca nas cidades as novas oportunidades que surgem na indústria, no comércio e no funcionalismo público. Entretanto, o número de oportunidades e a infraestrutura existente nas cidades não permitem a inserção digna desta importante parcela da população, resultando na sua segregação espacial e contribuindo para o surgimento de favelas e cortiços, bem como para o processo de congestionamento das cidades (Scarlato, 2005).

Cabe destacar também as observações de Fernandes (2008), de que a preocupação com o destino dos escravos se manteve como foco enquanto se relacionava a estes o futuro da lavoura. Tão logo se processa a abolição, o desinteresse político na integração da população negra ao sistema de trabalho e à ordem social aflora.

O rápido crescimento no número de imigrantes europeus, sobretudo italianos, ocorrido no final do século XIX e início do XX também contribuiu para o grande aumento populacional nas cidades, a exemplo das observações realizadas por Fernandes (2008) para a cidade de São Paulo. O crescimento dessa parcela da população também implicou a redução de oportunidades de trabalho para a população negra.

Dentre os fatores causadores da expulsão da população rural para as áreas urbanas, podem ser citadas a ampliação das relações capitalistas no campo, a mecanização da agricultura, a substituição das lavouras por pastos, a especulação imobiliária e o aumento das comunicações proporcionado pela mídia existente, que mostrava ao campo os atrativos da vida na cidade (Scarlato, 2005).

Esta última causa trata-se de um bom exemplo daquilo que foi observado por Lemos (2009) sobre o impacto que um tipo de mobilidade tem sobre outro, em especial os impactos que a mobilidade informacional exerce sobre a mobilidade física. De acordo com o autor, não se pode dissociar comunicação, mobilidade, espaço e lugar.

Segundo Scarlato (2005), ao comparar a urbanização do Brasil com a de países desenvolvidos, percebe-se que nestes últimos houve integração de mercado e de tecnologia entre campo e cidade, melhorando as condições de vida dos trabalhadores nas duas regiões. Ainda segundo o autor, com exceção das regiões Sul e Sudeste, essa prática foi pouco frequente, transformando o trabalhador rural em população marginal, excluída das transformações e dos benefícios da modernização, e forçando-o a se deslocar em busca de melhores condições nos grandes centros urbanos. Basta verificar a situação precária da população rural brasileira, que, na década de 1980, apresentava cerca de 53% de analfabetos.

A aceleração da urbanização brasileira experimenta seu auge na segunda metade do século XX, mais precisamente com a aplicação do Programa de Metas do governo de Juscelino Kubitschek, com forte estímulo aos setores de energia e de transportes. Tratou-se de uma fase de grandes investimentos estrangeiros, em especial dos Estados Unidos, em vários setores industriais, dentre os quais a indústria metalúrgica e siderúrgica, a indústria de construção naval, a química, a de materiais da construção civil, a farmacêutica e a automobilística (Adas, 1998).

A indústria automobilística, juntamente com a implantação de estradas de rodagem mais adequadas, consolidou a superação do modal rodoviário sobre o ferroviário, após a década de 1950 (Marques, 1978).

Tal consolidação não ocorre apenas na escala nacional, mas também no interior das cidades, a exemplo de São Paulo. Essa cidade possuía, em 1933, uma rede de bondes três vezes mais extensa que a atual malha viária do metrô. Esse modo de transporte alternativo, e eficiente até então, não conseguiu competir com o modal rodoviário, defendido e estimulado a partir do Plano de Avenidas, proposto por Prestes Maia, o qual incentivou a construção de sistemas de avenidas e o transporte coletivo com base em sistema de ônibus (Rolnik e Klintowitz, 2011).

A instalação da era dos transportes rodoviários transformou o modelo de expansão das áreas urbanas e, graças à maior flexibilidade da rodovia para se adaptar às condições do relevo, permitiu maior facilidade de expansão do fenômeno urbano para áreas do interior do território nacional (Scarlato, 2005).

Voltando à questão da aceleração do processo de urbanização, verifica-se que este não foi acompanhado no mesmo ritmo pelo planejamento, quando existente, resultando em impactos negativos nas esferas sociais, ambientais e econômicas.

Na esfera social, dentre os problemas existentes, destaca-se a segregação socioespacial. As cidades podem ser interpretadas como produto social e histórico, refletindo, em sua configuração, as relações de produção da sociedade que as criou. Assim, as diferenças de classes inerentes ao modo de produção capitalista se materializam em desigualdades espaciais no interior das cidades, as quais muitas vezes implicam formas e processos de segregação socioespacial, a exemplo da favelização.

Com relação ao ambiente, as mudanças no uso e na ocupação impactaram os ecossistemas imediatos, tendo em vista a supressão da maior parte da cobertura vegetal natural, com consequentes modificações no clima, em especial das variáveis precipitação pluviométrica e temperatura. As transformações impostas ao meio também modificaram as condições hidrológicas das bacias hidrográficas, pela impermeabilização das superfícies, com consequente diminuição da recarga das águas subterrâneas e incrementos nos volumes de escoamento superficial, gerando inundações constantes. Esses fenômenos, quando associados à segregação mencionada, têm causado riscos e perdas de vidas humanas, especialmente da população de baixa renda das cidades.

Na esfera econômica, os impactos da urbanização acelerada implicam, dentre outros, os gastos elevados com saúde pública, em razão dos problemas causados pela poluição; com combate às enchentes e inundações, que, segundo estudos recentes, acarretam prejuízos financeiros da ordem de centenas de milhões de dólares ao poder público, à indústria e ao comércio; e com a circulação de materiais e pessoas, tendo em vista as deficiências do transporte urbano e os congestionamentos, os quais afetam o crescimento econômico das cidades.

Além da lentidão, seguida pela aceleração, destaca-se neste capítulo o caráter do desenvolvimento desigual da urbanização brasileira. Para tanto, recorremos a duas escalas espaciais, a saber, a escala nacional e a escala intraurbana.

Na escala nacional, verifica-se o desenvolvimento dos principais centros regionais e regiões metropolitanas do Brasil, a partir de cidades localizadas nas regiões litorâneas, ou ligadas às cidades portuárias por meio das ferrovias e, posteriormente, pelas rodovias.

A concentração dos grandes centros urbanos brasileiros na faixa litorânea e especialmente nas regiões Sul e Sudeste do país trata-se do legado colonial, caracterizado, como vimos, por um processo de ocupação extrovertido (Santos, 2012), com vias à exploração de recursos e sob as orientações de uma lógica externa.

Com relação à escala intraurbana, destacam-se as relações centro-periferia e a segregação que elas geram. A falta de planejamento urbano ao longo da história das cidades brasileiras e a forma acelerada e desordenada com que se processou seu crescimento contribuíram para a concentração desigual dos serviços urbanos.

Assim, as áreas centrais, caracterizadas por concentração de melhores condições de infraestrutura e de oportunidades, tornam-se valorizadas, expulsando a maior parcela da população urbana com menores recursos para as áreas de periferia, localizadas nas franjas do desenvolvimento urbano.

Tais áreas carecem de serviços públicos básicos e se tornam um empecilho à inserção socioeconômica desta parcela da população, constituindo assim nas mais variadas formas de segregação socioespacial.

A expulsão desta parcela significativa da população citadina para regiões cada vez mais distantes das áreas centrais exige ações do poder público no sentido de criar condições de infraestrutura de transporte capazes de permitir o acesso desta população aos serviços da cidade.

CONSIDERAÇÕES FINAIS

Vivemos atualmente o período técnico-científico-informacional, caracterizado pela difusão da técnica, da ciência e pela grande circulação de informação, sem precedentes na história da humanidade.

Apesar do movimento e da circulação serem características intrínsecas das cidades, especialmente neste período, verificam-se, nas grandes e médias cidades, viscosidades contraditórias à fluidez exigida pelo mesmo.

Trata-se, portanto, de uma verdadeira crise de mobilidade, caracterizada por volumosos engarrafamentos e trânsitos elevados, os quais, associados à falta de planejamento e às mais variadas formas de segregação socioespacial cultivadas ao longo da história, contribuem para a queda da qualidade ambiental e de vida nas cidades.

A mobilidade trata-se de um fenômeno que se manifesta no espaço e reflete as exigências e características da sociedade, bem como de seu modo de produção. Assim, podemos caracterizá-la como fenômeno socioespacial.

Neste sentido, seus problemas atuais, que afetam as esferas econômica, ambiental, mas sobretudo as condições de vida da população, especialmente a grande parcela desfavorecida e excluída pela forma em que se processou o desenvolvimento ao longo da história, devem ser entendidos também a partir de suas heranças históricas, materializadas na configuração espacial presente.

Grande parte dos problemas enfrentados pelas médias e grandes cidades do Brasil, dentre os quais os de mobilidade, podem ser entendidos pela maneira tardia, acelerada e desigual com que se processou o desenvolvimento urbano do país.

Também contribui para este quadro de crise a histórica falta de planejamento, que legou às cidades o crescimento desordenado e desigual, aprofundando os problemas e criando obstáculos à mobilidade física e informacional de grande parcela da população, impondo-lhe, assim, viscosidades socioeconômicas que dificultam a efetivação, em suas vidas, das possibilidades oferecidas pela vida nas cidades.

Segundo a ótica apresentada neste capítulo, os estudos e a construção de cidades mais justas e inteligentes devem partir da análise crítica do passado, buscando-se, assim, aprender com os erros cometidos. Entretanto, o olhar não deve estar desvinculado da realidade atual e de suas potencialidades, exigindo a adequação das ferramentas teóricas e metodológicas aos fenômenos do presente.

É importante apontar que as novas tecnologias da informação e comunicação podem ser grandes aliadas na construção destas cidades, especialmente nas reduções dos problemas de mobilidade urbana e em suas mais variadas facetas. Contudo, as tecnologias atuais não podem ser destituídas de seu conteúdo político e das relações de poder que envolvem. Assim, do mesmo modo que servem para a libertação, podem ser usadas para interesses particulares, desvinculados dos interesses coletivos, a exemplo de outras tecnologias relacionadas ao movimento, tal como o que se verificou em relação às ferrovias e rodovias ao longo da nossa história.

REFERÊNCIAS

ADAS, M.; ADAS, S.; MARTINELLI, M. *Panorama geográfico do Brasil: contradições, impasses e desafios socioespaciais.* São Paulo: Moderna, 1998.

ALVES, G.A. A mobilidade/imobilidade na produção do espaço metropolitano. In: CARLOS, A.F.A.; SOUZA, M.L.; SPOSITO, M.E.B. (Orgs). *A produção do espaço urbano: agentes e processos, escalas e desafios.* 1.ed. São Paulo: Contexto, 2013, p. 109-122.

ARAÚJO, M.R.M. et al. Transporte público coletivo: discutindo acessibilidade, mobilidade e qualidade de vida. *Psicologia & Sociedade*, v. 23, n. 3, 2011, p. 574-582.

BOARETO, R. A política de mobilidade urbana e a construção de cidades sustentáveis. *Revista dos Transportes Públicos – ANTP*, v. 30, 2008, p. 31.

BRASIL. Lei 12.305, de 3 de agosto de 2012. Institui a Política Nacional de Mobilidade Urbana e dá outras providências. [online]. Disponível em: http://www.planalto.gov.br/ccivil_03/_ato2011-2014/2012/lei/l12587.htm. Acesso em: 18 maio 2016.

CASTILLO, R. *Redes geográficas e território brasileiro.* Relatório de Atividades apresentado ao Instituto de Geociências da Universidade Estadual de Campinas, referente à Licença Especial, no período de 01 de setembro de 2011 a 29 de fevereiro de 2012. Campinas, 2012.

CENSO DEMOGRÁFICO 2010. *Características da população e dos domicílios: resultados do universo.* Rio de Janeiro: IBGE, 2011. Disponível em: http://www.ibge.gov.br/home/estatistica/populacao/censo2010/default_resultados_universo.shtm. Acesso em: maio 2016.

CLAVAL, P. *A Geografia Cultural.* Trad. Luiz Fugazzola Pimenta e Margareth de Castro Afeche Pimenta. Florianópolis: Editora da UFSC, 1999.

CONTEL, F.B. Os sistemas de movimento do território brasileiro. In: SANTOS, M.; SILVEIRA, M.L. *O Brasil: território e sociedade no início do século XXI*, v. 5, 2001, p. 357-374.

COSTA, C.E.C. Migrações negras no pós-abolição do sudeste cafeeiro (1888-1940). *Topoi*, Rio de Janeiro, v. 16, n. 30, 2015, p. 101-126.

DIZENGREMEL, P. et al. Ozone risk assessment for plants: central role of metabolism-dependent changes in reducing power. *Environmental Pollution*, v. 156, n. 1, p. 11-15, 2008.

FERNANDES, F. *A integração do negro na sociedade de classes: no limiar de uma nova era*. v. 2. São Paulo: Globo, 2008.

FIORAVANTI, C. Paulo Saldiva: por uma cidade mais saudável. *Pesquisa Fapesp*. São Paulo, 241. ed., p. 22-27, março 2016.

GOMIDE, A. de A. Mobilidade urbana, iniquidade e políticas sociais. *Política Sociais*. Rio de Janeiro (Ipea), v. 1, p. 242-250, 2006.

IRITI, M.; FAORO, F. Oxidative stress, the paradigma of ozone toxicity in plants and animals. *Water, Air, and Soil Pollution*, v. 187, n. 1, p. 285-301, 2008.

LEMOS, A. Cidade e mobilidade. Telefones celulares, funções pós-massivas e territórios informacionais. *Matrizes*, v. 1, n. 1, 2007.

______. Cultura da mobilidade. *Revista Famecos*, Porto Alegre, n. 40, p. 28-35, dez. 2009.

MARQUES, M. A estruturação da rede viária terrestre de São Paulo. *Boletim Paulista de Geografia*, São Paulo, n. 55, 1978, p. 47-70.

MONBEIG, P. *Pioneiros e fazendeiros de São Paulo*. São Paulo: Hucitec, 1984. 392p.

REDE NOSSA SÃO PAULO e IBOPE Inteligência. *Dia mundial sem carro*. Disponível em: http://www.nossasaopaulo.org.br/portal/files/apresentacao-mobilidade-ibope-2014.pdf. Acesso em: 23 maio 2016.

ROLNIK, R.; KLINTOWITZ, D. (Im)Mobility in the city of São Paulo. *Estudos Avançados*, v. 25 n. 71, 2011, p. 89-108.

SANTOS, M. A revolução tecnológica e o território: realidades e perspectivas. *Terra Livre – AGB*, São Paulo, n. 9, p. 7-17, 1991.

______. A questão do meio ambiente: desafios para a construção de uma perspectiva transdisciplinar. In: *Anales de geografía de la Universidad Complutense*. Servicio de Publicaciones, 1995, p. 696-706.

______. *A natureza do espaço: técnica e tempo, razão e emoção*. São Paulo: Edusp, 2002.

______. *A urbanização brasileira*. 5.ed. São Paulo: Edusp, 2008.

______. *A urbanização desigual: a especificidade do fenômeno urbano em países subdesenvolvidos*. Trad. Antonia Déa Erdens e Maria Auxiliadora da Silva. 3.ed. São Paulo: Edusp, 2012.

SANTOS, M.; SILVEIRA, M.L. *O Brasil: Território e Sociedade no Início do Século XXI*. Rio de Janeiro: Editora Record, 2001.

SCARINGELLA, R.S. A crise da mobilidade urbana em São Paulo. *São Paulo em Perspectiva*. São Paulo, v. 15, n. 1, p. 55-59, 2001.

SCARLATO, F.C. População e urbanização brasileira. In: ROSS, J.L.S. (Org.). *Geografia do Brasil*. 5.ed. São Paulo: Edusp, 2005, p. 381-463.

SILVA, D.M. *Sistemas Inteligentes no transporte público coletivo por ônibus*. Porto Alegre: 2000, 127p.

SPOSITO, M.E.B. Segregação socioespacial e centralidade urbana. In: VASCONCELOS, P.A.; CORRÊA, R.L.; PINTAUDI, S.M. (Orgs). *A cidade contemporânea*: segregação espacial. São Paulo: Contexto, 2013, p. 61-85.

UNITED NATIONS. *World Urbanization Prospects: The 2014 Revision*. New York: United Nations – Department of Economic and Social Affairs, Population Division, 2014.

VILLELA, A.V.; SUZIGAN, W. Política econômica e crescimento da economia brasileira: 1889-1945. *Ipea/Inpes*, Rio, 1973.

3

Transporte rodoviário de cargas perigosas e seus problemas na logística urbana

Geraldo Cardoso de Oliveira Neto
Fábio Ytoshi Shibao
Mauro Silva Ruiz
Cristiano Capellani Quaresma
Maurício Lamano Ferreira

INTRODUÇÃO

Este capítulo tem como objetivo fornecer uma visão geral sobre a mobilidade urbana, focada no tema logística urbana – *city logistics* (CL) – de transporte de cargas perigosas nas cidades, e apresenta as principais definições dadas pelos pesquisadores que são referência nessa área do conhecimento. Ressalta-se que a crise da mobilidade urbana, que para a maioria da população simplesmente se traduz no aumento do tempo gasto nos deslocamentos ao utilizar o transporte público, pode também significar ônibus, trem e metrô lotados, quantidade de linhas insuficientes e altas tarifas que pesam no orçamento da população.

O acelerado crescimento urbano expõe a sociedade tanto aos riscos naturais pela ocupação desordenada do solo urbano, quanto aos riscos tecnológicos, motivados pelo aumento do desejo de consumo, que consequentemente conduz ao aumento do consumo das substâncias químicas. A indústria química brasileira participou em 2,5% do Produto Interno Bruto (PIB) em 2015, que já atingiu o recorde de 3,6% em 2004, segundo a Associação Brasileira das Indústrias Químicas (Abiquim).

Em qualquer etapa do processo de utilização de produtos químicos, existe o risco de acidentes, porém as operações que envolvem o transporte dessas substâncias, seja pelo modal rodoviário, ferroviário, marítimo, aquaviário, aéreo ou dutos, constituem as etapas mais vulneráveis do processo, pois estão expostas a uma infinidade de situações de risco, capazes de gerar acidentes desde a origem até o destino final (Teixeira, 2005).

A maior parte da literatura sobre CL abordou os movimentos de entrada na cidade, refletindo a posição dominante do tráfego procedente do exterior da cidade para o seu centro. No entanto, podem ser significativos os volumes de mercadorias produzidas dentro da cidade e enviadas para locais dentro ou fora da cidade. Além disso, abordar as necessidades dos diferentes tipos de demandas de transporte de uma forma abrangente pode contribuir para atingir a mobilidade CL, gestão ambiental e objetivos de qualidade de vida (Crainic, Nguyen e Toulouse, 2016).

Para aumentar o conhecimento, Crainic et al. (2012) investigaram esta questão no contexto de sistemas de duas CL em camadas (Crainic, Ricciardi, Storchi, 2009). Eles estudaram, em nível conceitual, várias estratégias de integração de três tipos de tráfego: o de cliente-a-cliente (C2C para o tráfego com origem e destino em clientes localizados dentro da parte controlada pela CL, ou seja, o centro da cidade), a zona de cliente-a-zona externa (C2E do centro da cidade para destinos fora dos limites da cidade) e a "clássica" zona externa para o cliente dentro da CL (E2C).

No Brasil, a Lei da Mobilidade Urbana (Lei n. 12.587/2012, de 3 de janeiro de 2012), que foi fundamentada na Constituição Federal de 1988, passou por um longo período de tramitação no Congresso Nacional e sofreu diversas interferências, sendo o seu tema árido e tecnicamente complexo para atender às necessidades da sociedade urbana, porque estão incluídos na mobilidade itens como infraestrutura e acessibilidade, modelo e modal rodoviário, fiscalização dos serviços de ônibus, dentre outros.

Outro tópico a se ressaltar no campo operacional da Política Nacional de Mobilidade Urbana (PNMU) é que se encontra na base da estrutura o município, logo cabe a este assumir a sua parte na referida política integrando ao Plano Diretor. Sabe-se que, pelo Estatuto da Cidade (Lei n. 10.257, de 10 de julho de 2001), a negligência em relação à existência do Plano Diretor acarreta sansões para o Prefeito. O Plano Diretor é obrigatório para todos os Municípios brasileiros, enquanto a PNMU incide apenas aos Municípios com população acima de 20 mil habitantes.

A mobilidade urbana de pessoas e produtos para todos os cantos da cidade é componente básico da qualidade de vida que também impacta negativamente o meio ambiente. Mantidas as condições atuais, as perspectivas da mobilidade urbana não são favoráveis, visto que a situação se agrava na maioria das cidades, com a elevação dos custos dos investimentos associada às tentativas de minimizar o problema somada ao forte impacto ambiental causado pelos veículos em uso, responsáveis por 23% da emissão de gases de efeito estufa (Milaré, 2016).

No âmbito do transporte rodoviário de carga, não é somente uma característica nacional. Para a *International Road Transport Union* [IRU] (2010), 73% do transporte de carga na União Europeia é realizado pelo modal rodoviário.

No Brasil, o modal rodoviário responde por 61,1% das cargas transportadas no país, restando 21% no ferroviário, 14% no aquaviário, 3,5% no dutoviário e 0,4% no aéreo, segundo dados da Confederação Nacional do Transporte [CNT] (2011). Portanto, espera-se um grande número de acidentes nas rodovias, principalmente se a precariedade das estradas do país for considerada.

O transporte de produtos perigosos não deve ser realizado por qualquer meio de transporte, como uma mercadoria comum. Em caso de colisão de veículos utilizados no transporte de substâncias perigosas, além da possibilidade de perda de vidas humanas e danos materiais que comumente ocorrem, as perdas se estendem para os graves prejuízos ambientais (Rechkoska, Rechokoski e Georgioska, 2012).

Em razão disso, a legislação coibe o transporte de forma irregular, pois é comum encontrar veículos trafegando fora das normas ou em áreas de risco, aumentando a probabilidade de ocorrência de acidentes. Em caso de acidentes, os condutores devem estar preparados para solucionar a situação e mitigar o agravamento e possível descontrole da mesma; caso contrário, acarretará danos irreversíveis ao meio ambiente, visto que a recuperação de um local contaminado é muito lenta.

Após um acidente, mesmo para empresas munidas de uma avançada tecnologia, é difícil avaliar a real profundidade da penetração de substâncias perigosas no solo ou a contaminação de lençóis freáticos. Por ser difícil determinar a quantidade e a concentração do material despejado, não se pode prever a extensão dos danos causados por produtos perigosos a plantas, animais e, principalmente, aos seres humanos (Rechkoska, Rechokoski e Georgioska, 2012).

Em suma, as organizações atuam em um ambiente de negócios cada vez mais competitivo. Logo, faz-se necessário encontrar formas criativas de melhorar a rentabilidade e prover um melhor serviço para os clientes. Dentro desse contexto, o presente capítulo visa diagnosticar as principais características dos acidentes envolvendo o transporte rodoviário de produtos perigosos no estado de São Paulo.

EVOLUÇÃO DO CONCEITO DE LOGÍSTICA URBANA – *CITY LOGISTICS* – PARA O BRASIL

No mundo na década de 1970, a preocupação com a circulação do transporte de cargas nas grandes metrópoles era grande, o que provocou o surgimento de leis para minimizar o trânsito gerado por caminhões de cargas nas cidades (Crainic, Ricciardi e Storchi, 2009). Porém, a cada ano que se passava, a quantidade de caminhões de carga que circulavam nas áreas urbanas das grandes metrópoles aumentava (Ortúzar e Willumsen, 2011).

O transporte de cargas nas cidades tem o papel de abastecer as empresas e os comércios com bens para a produção ou para a venda. Os bens para a produção podem ser caracterizados como: matérias-primas, insumos e subprodutos que compõem o processo de fabricação das indústrias. O fornecimento de bens diretamente para a venda está relacionado ao processo de distribuição no atacado e no varejo das cidades, tais como: produtos alimentícios básicos e vestuários. O transporte de cargas nas cidades é inevitável para a competitividade empresarial (Dutra, 2004).

Apesar de favorecer economicamente uma região, o transporte de carga impacta negativamente o congestionamento. Além de aumentar os riscos de acidentes com vítimas, afeta também a circulação de pedestres, gera impacto ambiental em razão da grande quantidade de CO_2 emitido pelos caminhões e é prejudicial à comunidade local na questão de ruídos. Isso impulsionou alguns países a criarem políticas públicas com implantação de práticas de CL para mitigar os problemas gerados pelo transporte e promover o desenvolvimento sustentável (Crainic, Ricciardi e Storchi, 2009).

As CL consistem na realização de planejamento integrado para o transporte de carga nas áreas urbanas, visando à otimização das rotas de entrega nas cidades, minimizando os custos operacionais com transporte e reduzindo impactos sociais e ambientais (Thompson, 2003).

Neste contexto, as empresas não planejam apenas os fluxos de materiais, considerando os processos de compras, produção, armazenagem e distribuição, como é tratado na conceituação da logística empresarial tradicional, mas consideram também no planejamento logístico a preocupação com a geração de emissões e ruídos, a mitigação de danos na infraestrutura viária, a segurança na movimentação de cargas e a redução de congestionamentos, concomitantemente com a geração de ganho econômico.

Os primeiros projetos de CL foram desenvolvidos na Europa e no Japão. Por exemplo, em 1978, em Fukuoka, ocorreu a integração de várias transportadoras para otimizar as rotas de coletas e entregas, reduzindo consequentemente 60% na circulação de veículos de carga pesada nas áreas urbanas e impactando positivamente a minimização de congestionamentos e trânsitos (Visser, Binsbergen e Nemoto, 1999).

Na Europa foram constatados projetos para a redução na circulação de veículos de cargas nas cidades, tais como: Best Urban Freight Solutions I e II, o Freight Innovative Delivery in European Urban Space, o Transferability of Urban Logistics Concepts and Practices from a World Wilde Perspective, o City-Vitality-Sustainability I e II, o Strategies and measures for smarter urban freight solutions e o Clean Last Mile Transport and Logistics Management. Esses projetos visam, por meio de discussões entre pesquisadores, governo e empresas, à disseminação do conhecimento sobre as práticas implantadas e à oportunidade da transferência de tais conhecimentos para outras regiões e países com foco na abordagem estratégica e prática (Vilela et al., 2013).

No Brasil, as estratégias relacionadas a CL são calcadas em políticas públicas com foco no impedimento da circulação de veículos de cargas em algumas áreas urbanas ou em determinados horários de pico e também na criação de mais estacionamentos para caminhões de carga pesada com o objetivo de evitar a circulação destes em horários de pico (Sanches Júnior, 2008).

Outro avanço no Brasil foi a promulgação da Lei n. 12.587/2012, sobre a PNMU, que visou melhorar o transporte de carga nas áreas urbanas com foco na minimização de impactos ambientais, econômicos e sociais por meio da restrição na circulação de veículos de cargas pesadas nas cidades.

Uma estratégia desenvolvida no Brasil para melhorar a logística de transporte urbano de cargas foi o projeto "Logística de Carga Urbana", em Belo Horizonte, desenvolvido pela Empresa de Transportes e Trânsito de Belo Horizonte S/A, que implantou uma CL para minimizar o impacto ambiental e o trânsito por meio da criação de rotas específicas fora da área urbana (Vilela et al., 2013).

Outro exemplo consistiu no projeto financiado pela União Europeia nos anos de 2009 a 2011, com apoio das secretarias de serviços de trânsito e de desenvolvimento urbano e habitação para adoção de uma CL na cidade de Cariacica, no Espírito Santo. O projeto visou à criação de novas rotas, considerando as características locais.

A iniciativa denominada "Melhorias do Desenvolvimento Logístico da Cidade de Curitiba", foi realizada no início de 2011 por meio de convênio estabelecido entre o Banco Interamericano de Desenvolvimento e a Agência Curitiba de Desenvolvimento pelo Instituto de Pesquisa e Planejamento Urbano de Curitiba e a Urbanização de Curitiba, para diagnosticar a circulação do transporte de cargas perigosas nas áreas urbanas e projetar a cidade de Curitiba como cidade modelo de CL para o Brasil.

STAKEHOLDERS-CHAVE DA LOGÍSTICA URBANA – *CITY LOGISTICS*

No planejamento da CL com foco na redução da circulação do transporte de cargas na área urbana, é imprescindível o relacionamento com os embarcadores, proprietários, indústrias fabricantes, operadores logísticos, transportadores, residentes e administração pública da cidade (Figura 3.1) (Taniguchi et al., 2001).

Embarcadores, proprietários e indústrias fabricantes

Na ótica do planejamento da CL, os embarcadores, proprietários e indústrias fabricantes utilizam o transporte próprio ou contratam os serviços de operadores logísticos que são os agentes especializados no transporte de cargas para as indústrias, o varejo, o atacado e o cliente final com o objetivo de programar os horários de coletas e entregas a fim de evitar transitar com veículos nas metrópoles em horário de pico. Com isso, torna-se possível reduzir os custos com combustível e com acidentes, permitindo maior segurança na movimentação da carga até o destino final.

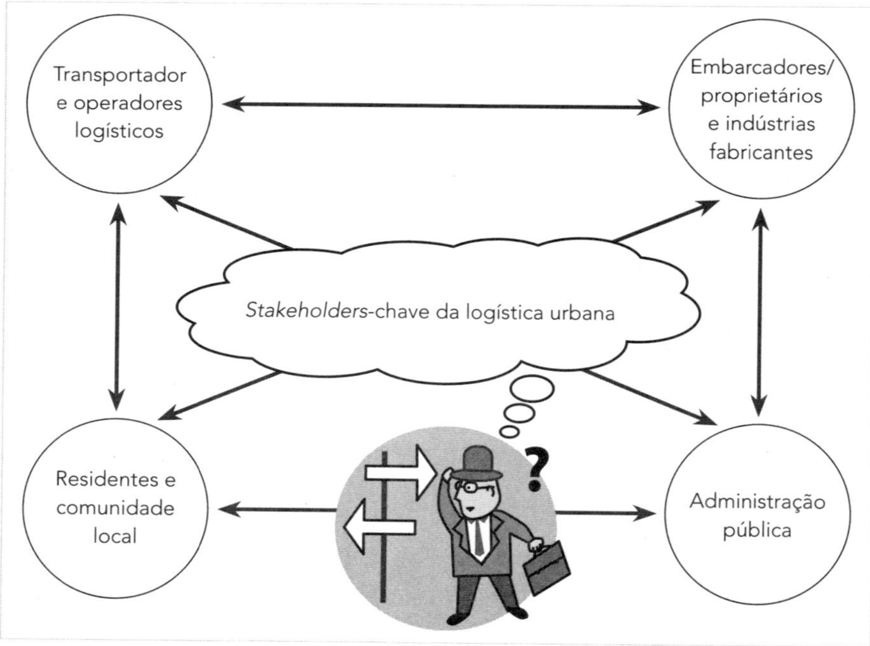

Figura 3.1 *Stakeholders*-chave da logística urbana.

Fonte: adaptada de Taniguchi et al. (2001).

A complexidade é aumentada ao considerar o transporte de produtos perigosos. As empresas fabricantes de produtos químicos perigosos precisam ter o controle da movimentação da carga pelas áreas urbanas com exatidão. Produto perigoso é toda e qualquer substância que, dadas as suas características físicas e químicas, oferece, quando em transporte, riscos à segurança pública, à saúde de pessoas e ao meio ambiente, de acordo com os critérios de classificação da ONU, publicados pela Portaria n. 204/97 do Ministério dos Transportes (Leal Jr., 2010).

Nem todo produto é uma carga perigosa, mas todo produto perigoso é uma carga perigosa. Por isso, ao se considerar o fator risco, o Código de Trânsito Brasileiro, por meio do Decreto n. 96.044, de 18 de maio de 1988, estabeleceu o que é uma carga perigosa ou um produto perigoso (Capo, 2005), a saber:

- Artigo I – Produto perigoso: substâncias ou artigos que apresentem risco para a saúde das pessoas, para a segurança pública e para o meio ambiente.
- Artigo II – Carga perigosa: aquela que excede em determinado peso ou dimensão.

O produto é considerado perigoso para fins de transporte terrestre quando enquadrado em uma das nove classes e subclasses de risco estabelecidas na Resolução n. 420, de 12 de fevereiro de 2004, da Agência Nacional de Transportes Terrestres (ANTT, 2004a):

- Classe 1 – Explosivos: subclasse 1.1, substâncias e artigos com risco de explosão em massa; 1.2, substâncias e artigos com risco de projeção, mas sem risco de explosão em massa; 1.3, substâncias e artigos com risco de fogo e com pequeno risco de explosão ou de projeção ou ambos, mas sem risco de explosão em massa; 1.4, substâncias e artigos que representam risco significativo; 1.5, substâncias muito insensíveis, com risco de explosão em massa; e 1.6, artigos extremamente insensíveis, sem risco de explosão em massa.
- Classe 2 – Gases: subclasse 2.1, gases inflamáveis; 2.2, gases não inflamáveis, não tóxicos; e 2.3, gases tóxicos.
- Classe 3 – Líquidos inflamáveis.
- Classe 4 – Sólidos inflamáveis; substâncias sujeitas à combustão espontânea; substâncias que, em contato com água, emitem gases inflamáveis: subclasse 4.1, sólidos inflamáveis, substâncias autorreagentes e explosivos e explosivos sólidos insensibilizados; 4.2, substâncias sujeitas à combustão espontânea; e 4.3, substâncias que, em contato com água, emitem gases inflamáveis.
- Classe 5 – Substâncias oxidantes e peróxidos orgânicos: subclasse 5.1, substâncias oxidantes; e 5.2, peróxidos orgânicos.

- Classe 6 – Substâncias tóxicas e substâncias infectantes: subclasse 6.1, substâncias tóxicas; e 6.2, substâncias infectantes.
- Classe 7 – Material radioativo.
- Classe 8 – Substâncias corrosivas.
- Classe 9 – Substâncias e artigos perigosos.

A resolução da ANTT n. 701, de 25 de agosto de 2004, ressalva que os resíduos que não se enquadram nos critérios anteriormente estabelecidos, mas que são abrangidos pela Convenção da Basileia sobre Controle de Movimentos Transfronteiriços de Resíduos Perigosos, podem ser transportados como pertencentes à Classe 9 (ANTT, 2004b).

Por meio do Programa Ambiental das Nações Unidas (Unep, 1995), a ONU constatou que um dos graves problemas nos países em desenvolvimento, como o Brasil, é a falta de infraestrutura para tratar as emergências (Real, 2000).

Até a década de 1960, o grau de desenvolvimento industrial de um país era avaliado pela quantidade de ácido sulfúrico produzido e consumido. A partir dessa época, a indústria química participa de praticamente todas as cadeias de produção, de forma que se torna difícil pensar em um setor produtivo que não utilize em seus processos algum insumo de origem química (Shibao, Oliveira Neto e Santos, 2014), porque, nos países desenvolvidos em geral, a demanda de produtos químicos tem crescido a taxas anuais ligeiramente superiores ou iguais às do PIB e a taxas superiores nos países em desenvolvimento (Abiquim, 2015a).

Em 2015, o Brasil estava entre os dez maiores produtores de produtos químicos com faturamento de US$ 147 bilhões, sendo o total mundial estimado em 5.379 bilhões, segundo Abiquim (2015b), como mostra a Tabela 3.1.

Tabela 3.1 Dez maiores países produtores de produtos químicos

País	Faturamento (bilhões de US$)
1° China	1.831
2° Estados Unidos	801
3° Japão	291
4° Alemanha	245
5° Coreia	185
6° Brasil	**147**
7° França	145
8° Índia	139
9° Reino Unido	103
10° Itália	102

Fonte: adaptada da Abiquim (2015b).

A evolução da produção industrial do setor químico no Brasil tem evoluído, como se evidencia no período de 2009 a 2015 (Tabela 3.2) em milhões de toneladas.

Tabela 3.2 Produção brasileira de produtos químicos

Ano	Produção (milhões ton.)
2009	139,1
2010	147,4
2011	145,3
2012	145,9
2013	147,6
2014	144,5
2015	145,1

Fonte: adaptada da Abiquim (2015b).

No Brasil, o faturamento líquido da indústria química, considerando todos os segmentos que a compõem, alcançou US$ 112,4 bilhões em 2015 (Abiquim, 2015b), conforme apresentado na Tabela 3.3.

Tabela 3.3 Faturamento líquido da indústria química brasileira

Ano	Faturamento (bilhões de US$)
2009	101,3
2010	128,5
2011	149,8
2012	143,8
2013	146,7
2014	146,6
2015	112,4

Fonte: adaptada da Abiquim (2015b).

Porém, o comércio brasileiro de produtos químicos tem apresentado sucessivos déficits em sua balança de comércio exterior, passando de US$ 15,7 bilhões em 2009 para US$ 26,5 bilhões em 2015. Essa situação deve-se a incentivos dados à importação por alguns estados brasileiros e ao aumento do volume de importação de produtos acabados, que reduz a busca interna por produtos químicos intermediários.

O segmento de produtos químicos de uso industrial fez investimentos para aumentar a sua capacidade de produção de produtos petroquímicos básicos e resinas termoplásticas, no entanto, a maior parte do crescimento do consumo no mercado doméstico foi atendida pelo aumento das importações (Abiquim, 2015b).

Esse segmento tem como característica particular transportar seus produtos, a maioria deles considerado perigosos, entre suas unidades industriais e as de seus clientes (Teixeira, 2005). Com a predominância do modal rodoviário no Brasil, houve um número crescente de viagens de caminhões transportando tais produtos por todo o país e sem previsão de alterações desse quadro em curto prazo, segundo a Abiquim (2012).

Essa situação acarreta maiores custos logísticos, aumenta as possibilidades de acidentes envolvendo produtos perigosos e traz dificuldades de trânsito, principalmente para cidades como São Paulo, que necessitou restringir os horários de circulação de caminhões transportando produtos perigosos por diversas vias de circulação na área urbana, comprometendo a eficiência da mobilidade urbana. As transportadoras e os operadores logísticos serão discutidos a seguir.

Operadores logísticos

Neste contexto, as empresas especializadas no transporte de cargas perigosas precisam estar alinhadas com a empresa contratante visando utilizar melhor a cubagem do veículo para minimizar a quantidade de viagens ociosas. Com isso, é possível otimizar os custos operacionais associados à movimentação da carga em termos de coletas e entregas dos produtos para os clientes, permitindo melhorar a taxa de lucro.

A complexidade aumenta ao considerar o transporte de produtos perigosos. As empresas fabricantes de produtos perigosos precisam ter o controle da movimentação da carga pelas áreas urbanas com maior exatidão. Um acidente como tombamento e derramamento da carga no sistema viário público pode causar a interdição por horas, gerando congestionamento e poluição ambiental, além dos danos na estrutura viária para a remoção dos produtos em contato com o solo. Também, um acidente pode colocar em risco a saúde e segurança ocupacional dos pedestres, motoristas e comunidade local, podendo gerar intoxicação e queimaduras.

Neste contexto, os produtos químicos tornaram-se indispensáveis para a vida dos seres humanos e o aumento do uso e da diversificação desses produtos elevou também os riscos ao homem pela sua exposição (Leal Jr., 2010).

O transporte de produtos perigosos está relacionado com os possíveis riscos de segurança e problemas como potencial poluidor no uso das estradas, de infraestrutura ferroviária etc. Mesmo pequenos acidentes envolvendo cargas perigosas podem atrair fortemente a atenção do público, dos responsáveis por políticas públicas e das indústrias. Logo, a sociedade deve perceber que os riscos podem ser gerados tanto por circunstâncias acidentais quanto por ações intencionais (Reniers e Dullaert, 2012).

A operação de transporte é realizada fora das fronteiras fabris, portanto, necessita de uma estrutura para prevenir acidentes e dar rápida resposta em caso de acidentes. Tal estrutura envolve as próprias empresas, os operadores logísticos, empresas de atendimento a emergências, polícia rodoviária, bombeiros, defesa civil, órgãos ambientais e serviços de saúde que devem atuar em sintonia para diminuírem as consequências do acidente (Shibao, Oliveira Neto e Santos, 2014).

Em razão da especificidade do problema, foi necessário criar leis e regulamentos sobre o transporte de substâncias perigosas, cuja finalidade principal é proteger as entidades envolvidas diretamente com esse tipo de transporte (operadores logísticos e indústrias) e todos aqueles que ocasionalmente estão envolvidos (serviços de emergência, público em geral etc.). Essas leis e regulamentos estabelecem deveres e responsabilidades para todos os participantes, a fim de proporcionar conhecimento sobre o que fazer para reduzir o risco de acidentes e, quando ocorrem, garantir uma ação eficaz (Rechkoska, Rechkoski e Georgioska, 2012).

A estratégia do setor químico foi levar às cadeias de valor a ele ligadas sua filosofia de responsabilidade em saúde, segurança e meio ambiente, motivando e apresentando instrumentos concretos para melhoria de desempenho nesses quesitos. Dessa forma, surgiu o Sistema de Avaliação de Segurança, Saúde, Meio Ambiente e Qualidade (Sassmaq), com o módulo rodoviário, em maio de 2001, baseando-se na iniciativa da indústria europeia *Safety & Quality Assessment System* (SQAS), desenvolvida pelo Conselho Europeu da Indústria Química (Cefic).

Ao módulo rodoviário, foram acrescidos os módulos estação de limpeza para empresas que fazem limpeza e descontaminação de tanques, isotanques, vagões-tanque e embalagens utilizados no transporte ou armazenagem de produtos químicos, o módulo ferroviário e o módulo de atendimento a emergências para empresas que fazem atendimento a emergências no transporte de produtos químicos (Abiquim, 2012).

Assim, o Sassmaq tem como objetivo reduzir de forma contínua os riscos de acidentes nas operações de transporte e distribuição de produtos químicos, além de possibilitar uma avaliação do desempenho dos operadores logísticos que prestam serviços à indústria química em todos os modais de transporte.

As estatísticas têm apresentado estabilidade na taxa de frequência e na gravidade de acidentes no transporte de produtos perigosos, mesmo tendo aumentado nos últimos anos as quantidades transportadas e o número de viagens. O setor químico considera possível reduzir as taxas de acidentes no transporte de produtos perigosos no médio prazo, ao reduzir a proporção de cargas transportadas por modal rodoviário e aumentando a participação dos modais ferroviário e marítimo; continuar o processo de aprimoramento dos operadores logísticos usando o Sassmaq como referência na gestão, realizando investimentos em equipamentos de controle das frotas e aumentando a capacitação e cultura de segurança dos motoristas, além de melhorar a qualidade das ruas e avenidas por onde trafegam veículos transportando produtos perigosos.

Portanto, o transporte de produtos perigosos tem na origem operacional o planejamento da CL, que precisa ser homogeneizado para os diferentes tipos de cargas transportadas. Ressalta-se que, mesmo com todo o cuidado no transporte de cargas perigosas, ocorrem acidentes complexos.

Residentes, comunidade local e administração pública

Os residentes e a comunidade local também são grupos importantes no planejamento da CL. As organizações precisam pensar em rotas alternativas para evitar o atravessamento de veículos de cargas nas proximidades de áreas residenciais, principalmente em detrimento do ruído e emissão de gás carbônico gerado. Outro aspecto relevante é que um acidente nas proximidades residenciais pode causar a interdição da via, gerando congestionamento nas áreas onde vivem, resultando na minimização da qualidade de vida da comunidade local.

Os agentes governamentais, denominados prefeituras, são os responsáveis pela criação de políticas públicas com o objetivo de estabelecer abordagem educativa e regulatória sobre políticas de mobilidade relacionadas a CL com foco nas restrições do transporte de cargas nas cidades. Com isso, os empresários das empresas que decidirem se instalar nas áreas metropolitanas devem considerar no planejamento logístico as políticas públicas locais relacionadas à mobilidade urbana.

A discussão do desenvolvimento urbano das cidades brasileiras tem seu marco inicial garantido pela Constituição da República Federativa do Brasil de 1988, no capítulo II, que dispõe da Política Urbana, em seus artigos 182 e 183, nos quais garante o desenvolvimento das funções sociais da cidade e o bem-estar de seus habitantes, por intermédio do poder público municipal; a elaboração do Plano Diretor, o qual deve ser aprovado pela câmara de vereadores e garantir o ordenamento e expansão das cidades.

Posteriormente, em 2001, o Estatuto das Cidades, Lei n. 10.257, de 10 de julho de 2001, regulamentou os artigos 182 e 183 da Constituição Federal, e estabeleceu diretrizes para uma política urbana. Porém, do ponto de vista da mobilidade urbana, o Estatuto das Cidades só previa a elaboração obrigatória dos planos de transporte urbano integrado para municípios com mais de 500 mil habitantes, compatíveis com os Planos Diretores ou sendo parte integrante dos mesmos.

Com a criação do Ministério das Cidades e a Secretaria Nacional de Transporte e da Mobilidade Urbana (Semob) em 2004, houve a tentativa de estabelecimento de uma política nacional de mobilidade urbana, com a inserção de novos temas, sobretudo, a discussão de acessibilidade e sustentabilidade, atrelados ao transporte.

A publicação do Caderno de Elaboração de Planos de Mobilidade, em 2007, foi a primeira iniciativa de inserção da discussão no nível municipal. O guia abordou temas básicos e obrigatórios para serem estudados, discutidos e contemplados nos Planos Municipais de Mobilidade Urbana.

Todavia, a discussão sobre a temática só ganhou força com a Lei n. 12.587, de 03 de janeiro de 2012, que dispõe da Política Nacional de Mobilidade Urbana. Com destaque para os três primeiros artigos: i) a retomada da discussão do artigo 182 da Constituição Federal, acrescentando a ele a promoção da integração entre os diferentes modos de transporte, garantindo aspectos de acessibilidade e mobilidade das pessoas e cargas; ii) garantir o acesso à cidade com planejamento e gestão democrática; e iii) garantir um sistema e toda infraestrutura para o deslocamento de pessoas e cargas no Município.

Porém, alguns pontos ainda são passíveis de revisão e amadurecimento pelas três esferas de poder, segundo Sudário e Hernandez (2014), como:

- A exigência de planos de mobilidade urbana para municípios acima de 20 mil habitantes pode ser considerada um avanço, mas a Confederação Nacional dos Municípios em 2012 afirmou que 3.915 municípios têm menos de 20 mil habitantes.
- Apesar de se ter estabelecido prazo máximo de três anos para a elaboração dos planos de mobilidade a partir da data de publicação da lei, a maioria das prefeituras não dispõe de corpo técnico e necessita contratar consultoria para elaboração dos planos. Outros não possuem os planos diretores e requerem resolução de demandas anteriores à mobilidade urbana municipal, como os municípios que indispõem de mapas e instrumentos municipais de gestão do território.
- A descentralização do transporte coletivo municipal para possibilitar o trabalho das demandas e dinâmicas locais. Entretanto, pequenos municípios desprovidos de anel viário tem de conviver com o fluxo de veículos pesados, porque a lei não estabelece responsabilidade aos órgãos rodoviários.
- O impedimento na aquisição de recursos federais para a execução de projetos de mobilidade para aqueles municípios que não elaborarem seus Planos

de Mobilidade dentro do prazo estabelecido. Entretanto, os municípios carecem da orientação do Ministério das Cidades sobre os critérios de aquisição desses recursos financeiros e a inexistência de um modelo de plano que não seja engessado e imposto e que possa nortear a elaboração dos mesmos.

Outras dificuldades para a elaboração e implantação dos Planos de Mobilidade Urbana merecem destaques:

- Profissionais com conhecimento técnico de área urbana na gestão pública.
- Fragmentação das atividades de implantação do Plano de Mobilidade.
- Ausência de recursos destinados exclusivamente ao Plano de Mobilidade.
- Anseio e vontade política para a elaboração e implantação do Plano de Mobilidade, principalmente quando surge a descontinuidade nas atividades de gestão quando da mudança dos governos municipais.

Em linhas gerais, houve evolução na discussão dos instrumentos de gestão pública urbana. A grande questão é garantir a participação popular na tomada de decisão para promover de fato a mobilidade urbana integrada e sustentável entre pessoas e produtos. Portanto, o transporte de cargas perigosas nos territórios urbanos já deve ser planejado e colocado em operação para que não onere nem prolongue as não conformidades na movimentação e no armazenamento desse tipo de produto.

TEMÁTICAS DA LOGÍSTICA URBANA – *CITY LOGISTICS*

Nessa seção, serão apresentadas temáticas para a realização de aprofundamento científico na área das CL. Desde 2001, existem cinco temáticas para serem consideradas no planejamento da mobilidade urbana, que são: utilização de sistemas avançados de informação, adoção de sistemas cooperados de transporte de mercadorias, instalação de terminais logísticos públicos, estabelecimento de controle e otimização de cargas, e planejamento da operação de transporte de cargas (Figura 3.2) (Taniguchi et al., 2001).

Utilização de sistemas avançados de informação

A implantação de tecnologia da informação na CL permite melhorar a agilidade na informação em tempo real. O uso de sistemas computacionais inteligentes também auxilia na gestão logística, considerando a oportunidade de melhorar a rastreabilidade e a mobilidade urbana (Taniguchi et al., 2001).

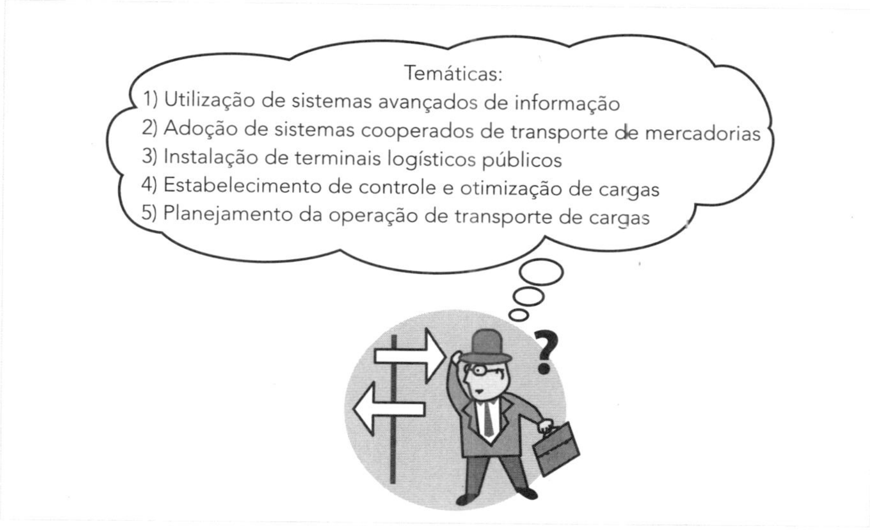

Figura 3.2 Temáticas da logística urbana (*City Logistics*).

Fonte: adaptada de Taniguchi et al. (2001).

Por exemplo, o uso de *Global Positioning Systems* (GPS) e do *software Geographic Information System* (GIS) permite fornecer, por meio da informação via satélite, a localização do veículo em tempo real, sendo importante para controlar a roteirização dos veículos em termos de retiradas e entregas de mercadorias no destino. Outra tecnologia da informação importante para o processo de transporte consiste na adoção do *software Transportation Management System* (TMS) para gerenciar o sistema de transporte em termos de pedidos expedidos para a entrega, seguro de carga, informações fiscais e contábil.

Há também outras tecnologias da informação pouco utilizadas para melhorias na mobilidade urbana. São elas:

- Comunicação do carro com a central de controle de trânsito, que orienta em relação a acidentes, desvios e rotas.
- Possibilidade do motorista de se comunicar com os serviços públicos, como hospitais e ambulâncias, para o acionamento de ocorrências com vítimas.
- Sinais de trânsito inteligentes que façam a abertura e o fechamento de passagens para carros e pessoas de acordo com o movimento existente no momento.
- Controle da coleta de lixo em pontos previamente definidos e conectados a uma central, permitindo uma utilização otimizada dos coletores de lixo.

Adoção de sistemas cooperados de transporte de mercadorias

Existem oportunidades de cooperação no transporte de mercadorias entre empresas com o objetivo de minimizar a circulação de veículos de carga vazios nas cidades, o que gera a redução de custos operacionais (Taniguchi et al., 2001).

Porém, é uma prática pouco utilizada pelas empresas. Geralmente, as organizações se fecham em ilhas e não desenvolvem cooperação com outras empresas. Mas com a adoção da CL, as empresas tendem a compreender e otimizar o canal de distribuição, reduzindo consequentemente o tráfego de caminhões de carga vazios. As vantagens da cooperação entre empresas estão relacionadas à minimização da circulação dos veículos nas áreas urbanas, à redução de impactos ambientais, à economia de custos operacionais, ao desenvolvimento de cooperação, dentre outras.

As sugestões para potencializar a cooperação do transporte entre empresas são:

- Uso de operação intermodal para otimizar o uso do transporte.
- Cooperação do transporte entre empresas.
- Cooperação entre operadores logísticos ou entre empresas.

Instalação de terminais logísticos públicos

Outro aspecto importante para a melhoria na mobilidade urbana consiste na construção de terminais logísticos urbanos (Taniguchi et al., 2001). Os terminais logísticos urbanos são os centros de consolidação de cargas, separação ou apenas transferência de cargas sob a propriedade do órgão público ou empresa privatizada. A instalação de um terminal logístico público favorece a mobilidade urbana porque a logística de transporte das empresas tem de realizar a entrega e coleta somente nesse local. Com isso, elimina a circulação dos caminhões de cargas na área metropolitana, favorecendo a melhoria da mobilidade na cidade.

Algumas temáticas relevantes para melhorias na mobilidade urbana brasileira:

- O uso de terminais logísticos próximos a rodovias minimiza o impacto no trânsito e evita congestionamentos.
- Determinação por meio de ferramentas computacionais e modelagem matemática das localidades para a instalação de terminais logísticos urbanos no Brasil.

Estabelecimento de controle e otimização de cargas

As organizações precisam estabelecer gestão da entrega, considerando principalmente a oportunidade de reduzir entregas por meio de unitização das mercadorias por localidade de destino. Com isso, torna-se possível programar as entregas por localidade com base no volume da carga expedindo as notas fiscais quando ocupar toda a cubagem do caminhão ou pelo menos 80% da cubagem. Entretanto, as organizações que não realizam o controle e a otimização da entrega de cargas destinam veículos vazios, levando ao aumento da circulação de caminhões de cargas nas metrópoles e impactando negativamente na mobilidade urbana.

Portanto, sugerem-se as seguintes temáticas para melhorar a mobilidade urbana:

- Estabelecimento de controle para otimizar a unitização dos veículos no processo de embarque para reduzir a quantidade de veículos.
- Programação da gestão da entrega para os destinos.
- Gestão e controle da carga de produtos perigosos.

Planejamento da operação de transporte de cargas

A manutenção preventiva nos veículos e a implantação do plano de carga horária para os motoristas procuram evitar o estresse e atenuar os processos de capacitação relacionados à movimentação de cargas em motoristas e ajudantes. É importante auxiliar, por exemplo, sobre a maneira correta de acondicionar e prender determinada mercadoria no veículo, mas, principalmente, oferecer capacitação para os motoristas sobre a movimentação de produtos perigosos (MOPP). Nessa linha, sugerem-se outros temas, como:

- Processos de capacitação de condutores.
- Melhorias na gestão dos transportes de cargas com o objetivo de reduzir acidentes que possam causar congestionamento, trânsito ou acidentes ambientais.

VULNERABILIDADES RELACIONADAS AO TRANSPORTE DE CARGAS PERIGOSAS

Este item aborda vulnerabilidades e questões ainda não resolvidas envolvendo o transporte de cargas perigosas em rodovias e anéis viários do estado de São

Paulo, que foram compiladas a partir de informações veiculadas em reuniões da Comissão de Transportes de Produtos Perigosos do Estado de São Paulo e da Subcomissão de Transportes de Produtos Perigosos (CTPP) da Companhia Ambiental do Estado de São Paulo (Cetesb), conduzidas entre agosto e dezembro de 2015. Dentre essas vulnerabilidades destacam-se as seguintes:

Inexistência de mecanismos de coleta e disseminação de informações sobre transporte de cargas perigosas

Atualmente, há um completo desconhecimento do número e da frequência de viagens e das principais rotas de transporte de cargas perigosas na cidade de São Paulo e nas demais cidades do interior. Além disso, não existe um padrão definido para coleta de dados sobre este assunto, pois cada concessionária os obtém de modo diferente. Dessa forma, os dados como hoje são repassados "não se cruzam", impossibilitando uma análise agregada (CTPP, reunião de 06 de outubro de 2015).

Riscos associados ao uso e transporte de amianto no estado de São Paulo

Essa questão se apresenta como não completamente equacionada (CTPP, reunião de 03 de setembro de 2015), porque o amianto foi considerado um produto carcinogênico e o Estado de São Paulo baniu o seu uso (Lei Estadual n. 12.687/2007).

Em 26 de julho de 2007, a Confederação Nacional dos Trabalhadores na Indústria (CNTI) impetrou a Ação Direta de Inconstitucionalidade ADI 3.937-SP arguindo sobre a inconstitucionalidade da Lei n. 12.684/2007 do Estado de São Paulo. Um dos dispositivos impugnados foi o art. 1º cuja redação era "fica proibido, a partir de 1º de janeiro de 2008, o uso, no Estado de São Paulo, de produtos, materiais ou artefatos que contenham quaisquer tipos de amianto ou asbesto".

Em junho de 2008, o Supremo Tribunal Federal derrubou a liminar que suspendia a vigência da Lei n. 12.684/2007, que proíbe o uso do amianto crisotila (minério de fibras curtas) no estado de São Paulo, entendendo ser prevalente a norma maior que atende ao princípio da proteção à saúde.

Em meio a um embate judicial que se estende até os dias atuais, o amianto continua sendo produzido no município de Minaçu, em Goiás, e transportado pelas rodovias paulistas para outros estados, nos quais não houve banimento do seu uso. O estado de Goiás tem feito uso dessa liminar para transportar o minério até o Porto de Santos, já que o transporte do produto não está no escopo da Lei n. 12.684/2007 (CTPP, reunião de 06 de outubro de 2015). Além disso, uma empresa de Leme e outra de Hortolândia, de São Paulo, obtiveram liminares para produzirem telhas que utilizam o amianto.

Segundo Edson Haddad, coordenador da Subcomissão de Transportes de Produtos Perigosos da Cetesb (CTPP, reunião de 03 de setembro de 2015), há registros de acidentes com cargas de amianto em rodovias paulistas, expondo a população a vários tipos de agravos à saúde na rodovia que liga Olímpia a Tarapuá, na rodovia do Contorno, em Marília, e nas rodovias Anchieta e Imigrantes.

Riscos de acidentes envolvendo transporte de cargas perigosas em túneis

Este assunto tem sido objeto de preocupação frequente das concessionárias cujas rodovias atravessam túneis. Uma preocupação adicional refere-se aos contínuos roubos e danificações de instalações e equipamentos internos de túneis que contêm metais com valor comercial.

Túneis são espaços confinados que atualmente chegam a ter 1,2 km de extensão em vias duplas, como o Rodoanel Metropolitano. Na rodovia dos Tamoios, dois túneis estão sendo construídos, um com 8 km de extensão e outro com 5 km.

A grande preocupação atual é o desenvolvimento da capacitação para atendimento a acidentes em túneis no Estado de São Paulo, mas ainda é incipiente. Como há uma tendência da Engenharia Rodoviária se concentrar na construção de túneis em segmentos de rodovias situados nas proximidades de áreas densamente povoadas, atenção especial deve ser dada ao transporte de cargas perigosas nesses trechos em razão da possibilidade de acidentes envolvendo produtos inflamáveis com risco de incêndios, danos a estruturas, interrupção do tráfego e ocorrência de grandes congestionamentos.

Riscos de contaminação de recursos hídricos por acidentes com produtos perigosos nas imediações de reservatórios que abastecem o Sistema Cantareira

Os registros de acidentes mais frequentes ocorreram nas imediações do Reservatório Paiva Castro, em Mairiporã, no estado de São Paulo, próximo do Sistema Cantareira, que é responsável pelo fornecimento de grande parte da água consumida na capital paulista. As ocorrências se deram em trechos próximos à Rodovia Fernão Dias (BR-381), que liga São Paulo a Minas Gerais (CTPP, reunião de 06 de outubro de 2015).

Neste caso, como a maior incidência de acidentes se deu na Rodovia Fernão Dias, nas imediações do Reservatório Paiva Castro, sugere-se a utilização de sistemas de informação geográfica para a sobreposição e o cruzamento de informações espaciais dos entornos (i) da malha de drenagem e dos recursos hídricos; (ii) da malha viária; e (iii) dos pontos de maior incidência de acidentes, com vistas a elaborar um mapa de vulnerabilidades de incidentes envolvendo o transporte de carga perigosas.

Esse mapa de vulnerabilidades será um referencial para a elaboração do mapa de risco preliminar para toda a região, que poderá ser de grande utilidade para a Sabesp, o Corpo de Bombeiros e a Defesa Civil, dentre outros potenciais usuários como universidades e instituições de pesquisa. Esse mapa preliminar poderá posteriormente ser ampliado, abrangendo outros reservatórios do Sistema Cantareira, e embasar a elaboração de um Plano de Segurança Hídrica para a cidade de São Paulo.

CONSIDERAÇÕES FINAIS

Conforme dito anteriormente o transporte de produtos perigosos não pode ser realizado com qualquer meio de transporte, como se fosse uma mercadoria comum, porque, ao avaliar seus impactos, todos os envolvidos na cadeia produtiva têm sua parcela de responsabilidade solidária sobre os atos do condutor quando ocorrem os acidentes.

Notou-se que cada uma das classes de risco e suas respectivas subclasses representam um risco específico quando a contenção do produto é perdida em caso de acidentes. Efetivamente, não há uma substância que seja totalmente segura e que não ofereça nenhum tipo de consequência indesejada, principalmente referindo-se a uma região geográfica densamente povoada como a cidade de São Paulo.

Portanto, a participação ativa da sociedade no que tange à elaboração do Plano Municipal de Mobilidade Urbana torna-se imprescindível para a boa qualidade de vida da população que vive nos centros urbanos. Por isso, é relevante pesquisar a possível integração das temáticas de tráfego nas operações diárias no CL, como na Figura 3.3.

Orientações para futuros trabalhos acadêmicos vislumbram tendências de entendimento do Plano de Mobilidade e Acessibilidade Urbana atrelado ao Plano Diretor Municipal, para que os governos municipais e as empresas estreitem suas relações no que tange à formulação de estratégias sustentáveis capazes de reduzir os acidentes e os riscos no transporte de produtos perigosos para a população das cidades e também no entorno. Nesse contexto, as oportunidades de pesquisa são abundantes.

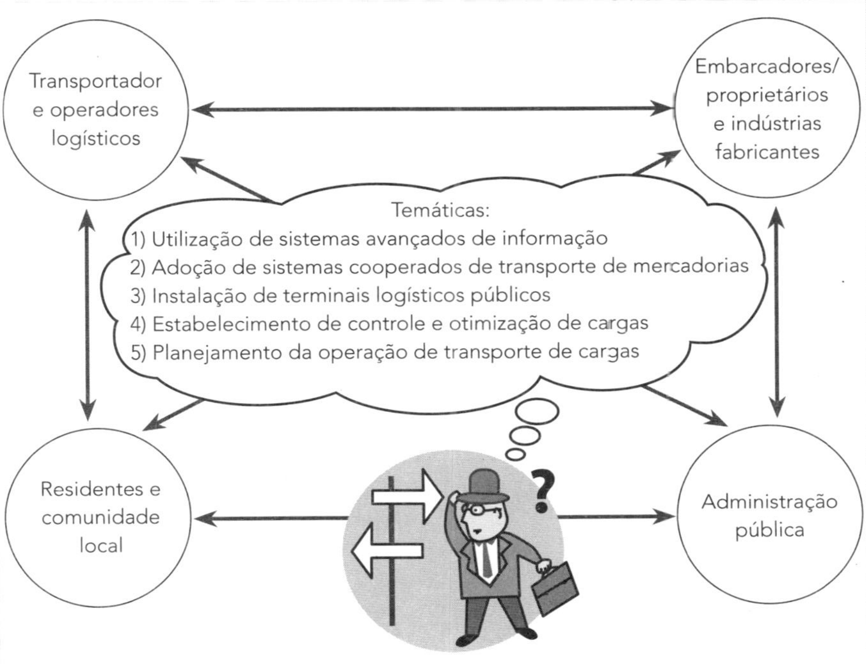

Figura 3.3 *Stakeholders* e temáticas da logística urbana (*City Logistics*).

Fonte: Autores.

REFERÊNCIAS

[ABIQUIM] ASSOCIAÇÃO BRASILEIRA DAS INDÚSTRIAS QUÍMICAS. *A indústria química brasileira em 2015*. 2015a. Disponível em: https://www.google.com.br/#q=participa%C3%A7%C3%A3o+no+%22PIB+da+industria+quimica+2015%22%22. Acesso em: 16 maio 2016.

______. *O desempenho da indústria química brasileira em 2015*. 2015b. Disponível em: http://fequimfar.com.br/wp-content/uploads/2014/12/livreto-de-dados-2014-paginas.pdf. Acesso em: 16 maio 2016.

______. *A trajetória da indústria química rumo à sustentabilidade*. 2012. Disponível em: http://arquivos.portaldaindustria.com.br/app/conteudo_18/2013/09/23/4970/2013100217440928173i.pdf. Acesso em: 16 maio 2016.

[ANTT] AGÊNCIA NACIONAL DE TRANSPORTES TERRESTRES. *Resolução n. 420*, de 12 de fevereiro de 2004. 2004a. Disponível em: http://www.antt.gov.br. Acesso em: 16 abr. 2016.

______. *Resolução n. 701*, de 25 de agosto de 2004. 2004b. Disponível em: http://www.antt.gov.br. Acesso em: 17 abr. 2016.

BRASIL. Constituição (1988). *Constituição da República Federativa do Brasil*. Brasília: Senado Federal, 1988.

______. Ministério das Cidades. *Política Nacional de Mobilidade Urbana Sustentável*. Brasília: Ministério das Cidades, 2004.

______. Ministério das Cidades. *Estatuto das Cidades*. Lei n. 10.257, de 10 de julho de 2001. Regulamenta os artigos 182 e 183 da Constituição Federal, estabelece diretrizes gerais da política urbana e dá outras providências. Brasília, 2001.

______. *Lei n. 12.587, de 03 de janeiro de 2012*. Dispõe a Política Nacional de Mobilidade Urbana. Brasília, 2012.

______. Ministério das Cidades. *Caderno de Referência para a Elaboração de Plano de Mobilidade Urbana*. Brasília: Semob, 2007.

______. Ministério das Cidades. *Cadernos Brasil Acessível*. Brasília: Semob, 2007.

CAPO, J.M. *Gerenciamento de projetos aplicados ao transporte de cargas especiais indivisíveis*. 2005. 134p. Dissertação (Mestrado) – Universidade de Taubaté, Departamento de Economia, Contabilidade e Administração.

CRAINIC, T.G.; RICCIARDI, N.; STORCHI, G. Models for Evaluating and Planning City Logistics Systems. *Transportation Science*. v. 43, n. 4, 2009, p. 432-454.

CRAINIC, T.G. et al. Integrating c2e and c2c Traffic into City Logistics Planning. *Procedia - Social and Behavioral Sciences*. v. 39, 2012, p. 47-60.

CRAINIC, T.G.; NGUYEN, P.K.; TOULOUSE, M. Sincronizada multi-trip captador multi-tráfego e entrega em logística da cidade. *Transportation Research Procedia*. v. 12, 2016, p. 26-39.

[CNT] CONFEDERAÇÃO NACIONAL DO TRANSPORTE. *Plano CNT de Logística*. 2011. Disponível em: www.cnt.org.br/Paginas/Plano-CNT-de-Logistica.aspx. Acesso em: 16 maio 2016.

DUTRA, N.G.S. *O enfoque de "city logistics" na distribuição urbana de encomendas*. Florianópolis, 2004. 229f. Tese (Doutorado) – Programa de Pós-Graduação em Engenharia de Produção. Universidade Federal de Santa Catarina.

IRU. International Road Transport United, *Modal Transport*. 2010. Disponível em: https://www.iru.org/resources/iru-library/central-asian-transport-ministers-sign-joint-statement-to-implement-iru-model. Acesso em: 16 maio 2016.

LEAL JR., I.C. *Método da escolha modal para transporte de produtos perigosos com base em medidas de ecoeficiência*. Rio de Janeiro, 2010. 186f. Tese de Doutorado. Programa de Engenharia de Transporte, Universidade Federal do Rio de Janeiro.

MILARÉ, E. Política Nacional de Mobilidade Urbana. *Revista Jurídica da Universidade Sul de Santa Catarina*. v. 7, n. 12, 2016, p. 59-67.

ORTÚZAR, J.D.; WILLUMSEN, L.G. *Modeling Transport*, Chichester: Ed. John Wiley & Sons, 2011.

REAL, M.V. *A informação como fator de controle de riscos no transporte rodoviário de produtos perigosos*. Rio de Janeiro, 2000. 170f. Dissertação de Mestrado. Universidade Federal do Rio de Janeiro.

RECHKOSKA, G.; RECHKOSKI, R.; GEORGIOSKA, M. Transport of dangerous substances in the Republic of Macedonia. *Procedia – Social and Behavioral Sciences*, v. 44, 2012, p. 289-300.

RENIERS, G., DULLAERT, W. TePiTri: a screening method for assessing terrorist-related pipeline transport risks. *Security Journal*. *v. 25*, n. 2, 2012, p. 173-186.

SANCHES JÚNIOR, P.F. *Logística de carga urbana: uma análise da realidade brasileira*. Campinas, 2008. 239f. Tese (Doutorado) – Curso de Pós-graduação em Engenharia Civil, Unicamp.

SÃO PAULO. Lei n. 12.684 de 26 de julho de 2007. Proíbe o uso, no Estado de São Paulo de produtos, materiais ou artefatos que contenham quaisquer tipos de amianto ou asbesto ou outros minerais que, acidentalmente, tenham fibras de amianto na sua composição. São Paulo, 2007.

SHIBAO, F.Y.; OLIVEIRA NETO, G.C.; SANTOS, J.P. Cargas perigosas com produtos químicos: um estudo no Estado de São Paulo. In: *Congresso Nacional de Excelência em Gestão*, 10, 2014, Rio de Janeiro. Rio de Janeiro: CENEG, 2014.

SUDÁRIO, N.C.S.; HERNANDEZ, I.R.S.O. *Planos de mobilidade urbana, seus princípios e desafios: relatos da experiência de elaboração do PLANMOB no Município de São Sebastião do Paraíso – MG*. Cadernos da Fucamp, v. 13, 2014, n. 19, p. 1-17.

TANIGUCHI, E. et al. *City logistics: network modeling and intelligent transport systems*. London: Ed. Pergamon, 2001.

TEIXEIRA, M.S. *Relatório de atendimento a acidentes ambientais no transporte rodoviário de produtos perigosos de 1983 a 2004*. São Paulo: Cetesb, 2005.

THOMPSON, R.G. *Aus Link green paper submission, Freight and Logistics Group Department of Civil and Environmental Engineering, The University of Melbourne, February 2003*. Disponível em: http://www.dotars.gov.au/transinfra/auslink/pdf/tertiary_ed_anresearch/Russell_G_Thompson.pdf. Acesso em: 01 abr. 2016.

UNEP. United Nations Environmental Programme. *Alerta e preparação de comunidades para emergências locais*. 1995. Disponível em: http://www.uneptie.org/pc/apell/publications/pdf_files/explicando- appell.pdf.UNEP;2003. Acesso em: 17 abr. 2016.

VIEIRA, B. M. *Diagnóstico dos principais problemas existentes no transporte de produtos perigosos*. Uberlândia, 2006. 175p. Dissertação (Mestrado) – Programa de Pós-graduação em Engenharia Civil, Universidade Federal de Uberlândia

VILELA, L.O. et al. Transporte urbano de cargas: reflexões à luz da geografia dos transportes. Observatorium: *Revista Eletrônica de Geografia*, v. 5, n. 14, 2013, p. 103-120.

VISSER, J.; BINSBERGEN, A.V.; NEMOTO, T. Urban freight transport policy and planning. In: *First International Symposium on City Logistics*. v. [s/n], 1999, p. 1-35.

Parte III

Eficiência Energética

4

Oferta de energia para as cidades

Amarilis Lucia Casteli Figueiredo Gallardo
Heidy Rodriguez Ramos
Cláudia Terezinha Kniess
Alexandre Aguiar

INTRODUÇÃO: ENERGIA, MEIO AMBIENTE E SUSTENTABILIDADE

Energia, meio ambiente e sustentabilidade são temas com estreita associação e que requerem uma abordagem integrada na promoção da qualidade de vida da população mundial que vive concentrada nas cidades. Para satisfazer as necessidades cotidianas do modelo de vida atual, a humanidade necessita tanto de oferta contínua de energia, entendida como capacidade de realizar trabalho, quanto de um meio ambiente equilibrado. Nesse contexto, insere-se a sustentabilidade, que visa conciliar, em uma agenda única de tomada de decisão, as demandas econômicas, sociais e ambientais. Para satisfazer as necessidades da população, é preciso transformar as fontes de energia em formas que possam ser diretamente utilizadas, conforme apresentado no Quadro 4.1.

As fontes de energia primária são ainda classificadas como recursos renováveis e não renováveis. As fontes renováveis provêm direta ou indiretamente da energia solar e podem ser regeneradas durante a escala de tempo de vida do homem, podendo estar sempre disponíveis desde que adequadamente manejadas; as fontes não renováveis encontram-se em quantidade "finita" na natureza, uma vez que sua renovação ocorre na escala de tempo geológica.

Quadro 4.1 Meios de transformação de energia por meio de energias disponíveis

Formas de energia	Formas de transformação de energia
Energia solar	▪ Transformada em calor (energia solar térmica). ▪ Transformada em eletricidade (energia solar fotovoltaica). ▪ Transformada em energia química (fotossíntese).
Energia elétrica	▪ Energia hidráulica transformada em energia elétrica nas centrais hidrelétricas. ▪ Energia maremotriz transformada em energia elétrica nas centrais maremotrizes. ▪ Energia eólica transformada em energia elétrica nos aerogeradores.
Energia térmica	▪ Transformada do gradiente geotérmico terrestre por meio de processos de combustão em calor.
Energia mecânica	▪ Energia hidráulica transformada em energia mecânica nos moinhos. ▪ Energia eólica transformada em energia mecânica nos moinhos, nos veleiros.
Energia química	▪ Transformação de hidrocarbonetos (petróleo) em combustíveis líquidos. ▪ Transformação de biomassas diversas (madeira, cana-de-açúcar, milho, outras) em combustíveis líquidos. ▪ Transformação de minerais sólidos (carvão) em combustíveis minerais.
Energia nuclear	▪ Transformação por meio de fissão nuclear do urânio em calor.

Desde a Revolução Industrial, o homem, instrumentado pelo avanço tecnológico, nunca requereu tanta energia quanto a que se consome na atualidade; também fruto desse desenvolvimento alcançado o homem nunca maculou tanto o meio ambiente. Essa crescente demanda por energia e matéria, tendo como resposta uma série de significativos impactos socioambientais, ajuda a corroborar o paradigma do desenvolvimento sustentável.

No cenário mundial atual, no qual os padrões de produção e consumo têm uma acentuada dependência dos combustíveis fósseis contribuindo para a emissão dos gases de efeito estufa, emissões de poluentes e outras formas de degradação ambiental, torna-se fundamental a busca por fontes energéticas alternativas ou por exploração e uso mais racional das fontes convencionais fósseis.

São denominadas *fontes convencionais* principalmente aquelas de origem fóssil, visto que satisfazem o fornecimento à demanda energética do ponto de vista técnico e econômico, e *fontes alternativas*, aquelas que complementam essa demanda por energia. Estas podem ser caracterizadas como as fontes que correspondem a outras opções ou alternativas ao sistema convencional de produção e oferta de energia, geralmente ocupando parcela complementar em dada matriz energética e tendo custo de energia superior ao alcançado pelas fontes convencionais e, dessa forma, menos competitivas que essas últimas. As *energias convencionais* são caracterizadas pelo baixo custo, pela elevada eficiência de produção, por associar significativos impactos ambientais e por se tratarem de tecnologias amplamente conhecidas e difundidas. Cabe destacar que a energia hidrelétrica é considerada uma fonte convencional de energia, principalmente na matriz de energia brasileira. Ao mesmo tempo, é uma das maiores fontes renováveis, embora não esteja isenta de impactos ambientais e sociais.

A busca pela diversificação da matriz energética mundial com o aumento das fontes de energia renovável em promoção à obtenção de uma matriz mais limpa é uma das prioridades na agenda mundial e de muitos países para a produção e uso de energia atendendo às premissas do desenvolvimento sustentável.

Desde a pré-história, o homem sempre utilizou a energia para realização de trabalho. O período posterior à Revolução Industrial marca sua relação exponencial da necessidade de produção e consumo de energia para garantia de qualidade de vida. O domínio técnico da exploração contínua e crescente dos combustíveis fósseis, proporcionado pelo amplo desenvolvimento dos processos de transformação desses bens minerais em combustíveis líquidos, da descoberta de depósitos de gás natural, elevaram os patamares do consumo energético a níveis nunca anteriormente vivenciados pela humanidade. O primeiro choque do petróleo ocorrido em 1973, com o aumento excessivo do preço deste combustível, seguido do segundo choque em 1979, elevando o preço médio do barril ao equivalente a US$ 80 daquela época, repercutiu em ampla discussão para o desenvolvimento de fontes alternativas de energia. Em 1975, o presidente Geisel adotou como principal medida a criação do Programa Brasileiro de Álcool Combustível (Proálcool) para promover uma maior autonomia energética ao país, que importava na época 80% do petróleo consumido, a partir da produção e uso de etanol. O programa ofereceu diversos incentivos e subsídios oferecidos pelo governo para os usineiros e para a indústria automobilística, com a finalidade de ser viabilizado.

Entretanto, nem todas as pesquisas focaram em substitutos energéticos oriundos de fontes renováveis, de modo que foram investidos recursos financeiros para a avaliação da viabilidade técnica e econômica de outras fontes fósseis ou não renováveis, como os xistos betuminosos e minerais radioativos, dentre outros.

Mas pouco tempo depois, quando o mundo passou a reafirmar sua total dependência do petróleo, as consequências das atividades humanas pelo aumento das emissões dos gases de efeito estufa (GEE), principalmente, mas não somente, proveniente da queima de combustíveis fósseis – consequência dos fluxos e estoques do ciclo de carbono na natureza – e o equilíbrio da vida do planeta começaram a ser amplamente debatidos.

Nesse contexto, firma-se em 1997 o principal acordo global referente ao clima – o Protocolo de Kyoto, que orientou para o compromisso obrigatório de reduzir pelo menos 5,2% da emissão dos GEE em 2012, tendo como referencial os níveis de emissão de 1990. Essas determinações obrigaram os países signatários do Protocolo a utilizar estratégias para reduzir a intensidade de carbono em suas matrizes de energia, o que inclui a integração em suas matrizes de energia, de percentuais de energia provenientes de fontes não fósseis. Pode-se considerar que esse acordo estabeleceu um cenário para um profícuo desenvolvimento por fontes alternativas de energia, sobretudo aquelas não associadas à energia não renovável de origem fóssil.

O sofisticado domínio tecnológico possibilitou ao homem obter energia nas mais diversificadas fontes e formas de transformação para uso final, permitindo alcançar até o espaço. O desafio atual no setor de energia reside em manter os níveis de fornecimento de energia para permitir o contínuo desenvolvimento econômico, ao mesmo tempo que não se ameacem as condições do planeta, o que remete a equilibrar aspectos ambientais e sociais, contribuindo para o desenvolvimento sustentável.

MATRIZ ENERGÉTICA

As fontes de energia primária são fornecidas pela natureza como: solar direta, fósseis (carvão, petróleo, gás natural, areias com alcatrão, gás de xisto), nuclear (urânio e plutônio), geotérmica, hidráulica, eólica, oceânica e biomassa. A energia primária pode ser diretamente utilizada ou convertida em fonte de energia secundária. Há várias formas de conversão de energia primária em energia secundária, por exemplo, as fontes fósseis (primárias) geram combustíveis líquidos ou eletricidade (secundárias), a biomassa da cana (primária) gera etanol ou energia elétrica (secundária).

A matriz energética é composta pela energia que está disponível para ser obtida, transformada, distribuída e consumida para satisfazer as necessidades humanas em seu modo de vida e nos processos produtivos, consistindo uma forma de representar, de modo quantitativo, a oferta e o consumo de energia entre as várias tipologias de energia existentes.

Matriz energética mundial

A matriz energética mundial sintetiza quantitativamente a distribuição dos recursos energéticos enquanto oferta e demanda de energia em termos mundiais, ou seja, representa percentualmente o total da energia obtida que é transformada, distribuída e consumida no mundo. Por oferta total de energia entende-se a quantidade de energia (primária e secundária) que está disponível para atender às necessidades desse recurso para os processos de transformação até o consumo final, medida em Gigajoule (GJ), megawatt-hora (MWh) ou tonelada equivalente de petróleo (tep). A demanda de energia remete exatamente ao outro extremo da cadeia de energia representando a necessidade de energia para satisfazer os mais diversos meios de consumo de energia.

Desde a Revolução Industrial, o petróleo, seus derivados e as fontes fósseis representam ampla participação na matriz de energia mundial. As ameaças da suposta finitude desses recursos e a ampla pressão da comunidade técnico-científica acerca dos riscos para a humanidade que o uso irrestrito dessas fontes pode provocar têm repercutido em um franco declínio em relação ao uso desses recursos não renováveis.

A matriz energética mundial é altamente dependente das fontes fósseis. As fontes fósseis – petróleo, gás natural e carvão – correspondem a 80% da demanda mundial de energia primária. A Figura 4.1 representa a matriz mundial de demanda de energia primária em 2013 e um quadro prospectivo para 2040, ressaltando a dependência futura das fontes fósseis e corroborando o que vem sendo destacado por especialistas de energia, que afirmam que o petróleo deve ser impreterivelmente a principal fonte de energia da matriz mundial por volta do ano 2060.

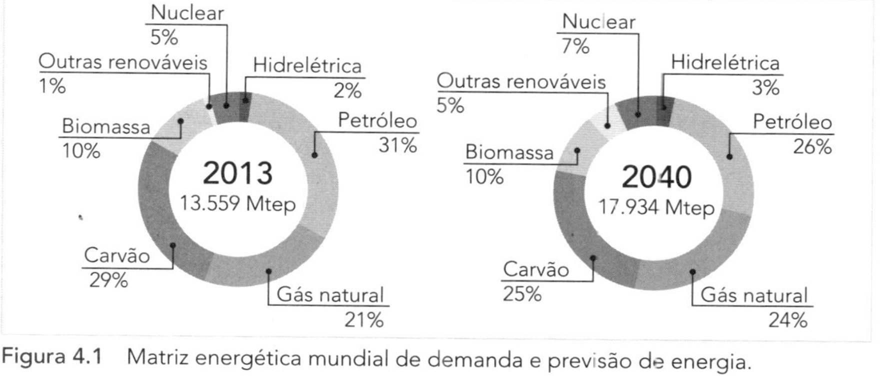

Figura 4.1 Matriz energética mundial de demanda e previsão de energia.

Fonte: Agência Internacional de Energia (2013) apud https://www.repsol.com/pt_pt/corporacion/conocer-repsol/contexto-energetico/matriz-energetica-mundial/

Matriz energética brasileira

O Brasil possui uma matriz energética com uma participação significativa das energias ditas "limpas", ou seja, aquelas não provenientes de combustíveis fósseis, que são a principal fonte da matriz energética mundial. As principais fontes de energia que corroboram essa configuração da matriz brasileira são os produtos da cana-de-açúcar e a energia hidrelétrica. Uma matriz predominantemente não renovável é aquela que se caracteriza por utilizar recursos que não podem ser repostos pelo homem nem pela natureza na escala do tempo de vida da humanidade, além de serem altamente poluentes, principalmente pelas emissões de gases de efeito estufa. Por outro lado, uma matriz energética renovável caracteriza-se por recursos energéticos, primários e secundários, provenientes direta ou indiretamente da energia gerada pelo solo, como é o caso da água, do vento, da madeira e dos combustíveis vegetais (como etanol, biodiesel e carvão vegetal).

A Figura 4.2 apresenta a matriz energética do Brasil em 1970 e em 2000, além de fazer uma projeção para o ano 2030. Cabe destacar que, em 1970, o petróleo e a lenha representavam 78% do consumo. Em 2000, o petróleo, a lenha e a energia hidráulica correspondiam a 74% do consumo. Projeta-se para 2030 uma situação em que quatro fontes serão necessárias para satisfazer 77% do consumo: além do petróleo e da energia hidráulica, a cana-de-açúcar e o gás natural. Ressalta-se o aumento do uso dos derivados da cana-de-açúcar, com uma participação em 1970 de 5%, para 11% em 2000 e perspectiva em 2030 de 18% (Tolmasquim, Guerreiro e Gorini, 2007).

De acordo com dados do Ministério de Minas e Energia (MME), em 2014, a Oferta Interna de Energia (OIE) no Brasil foi de 305,6 milhões de tep, 3,1% superior a de 2013 em razão da: expansão de 19% nas perdas térmicas como resultado da geração termelétrica pública e de autoprodutores; expansão de 6,2% no consumo do transporte de veículos leves; expansão de 9,8% na produção de celulose; expansão média de 6% no consumo residencial e comercial de eletricidade; e expansão de 5% no consumo de energia do setor energético (MME, 2015).

Destaca-se a representatividade das fontes renováveis na matriz energética do país, que correspondem a 39,4%, contra 13,8% que somam essas fontes na média mundial e 9,8% na média dos países que compõem a Organização para a Cooperação e Desenvolvimento Econômico (OECD), constituída por nações com economias com alto Produto Interno Bruto (PIB) e alto Índice de Desenvolvimento Humano (IDH), isto é, por países desenvolvidos.

Os números descritos anteriormente destacam a supremacia do Brasil no que se refere ao uso de fontes alternativas de energia, o que tem um impacto

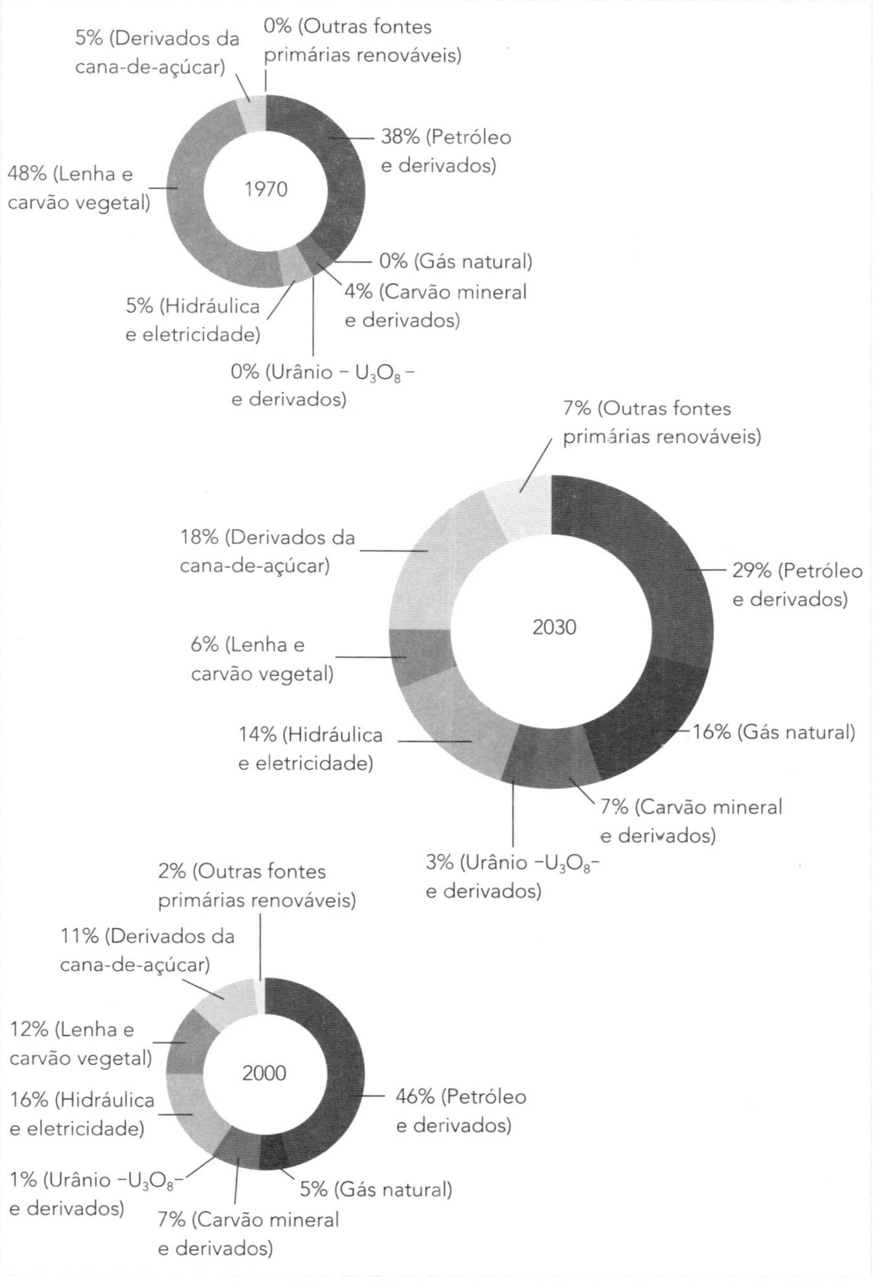

Figura 4.2 Evolução da estrutura da oferta de energia do Brasil.

Fonte: EPE (2007).

muito positivo em relação ao volume de CO_2 emitido, bem menor comparado a países como EUA, China e o bloco da União Europeia, conforme representado na Figura 4.3. Entretanto, o Brasil posiciona-se como o quarto país emissor em gases de efeito estufa em decorrência da liberação de carbono associada pela mudança do uso do solo, principalmente em relação ao desmatamento de áreas vegetadas.

Macrodiretrizes da política energética brasileira

A análise da matriz energética é fundamental para a orientação do planejamento de energia em termos globais, regionais e locais. Deposita-se a expectativa de que o planejamento de energia consiga garantir níveis de produção (ou aquisição) e uso de energia para atender às necessidades produtivas e sociais de um país.

A produção e distribuição de energia em um país obedecem às macrodiretrizes da política energética estabelecendo por meio de uma série de variáveis e agentes o planejamento eficaz para garantir a produção necessária, ou a sua complementação por meio de importações, e o abastecimento que atenda a todas as necessidades brasileiras de consumo de energia.

No Brasil, o Ministério de Minas e Energia (MME), principal órgão que define e orienta a política energética no país aposta na diversificação da matriz energética nacional, principalmente, suportada pela vasta riqueza que o Brasil dispõe em termos de recursos energéticos. O incentivo é para que a matriz do país seja composta por distintas fontes com incentivos para o crescente aumento das renováveis (Duarte et al., 2015).

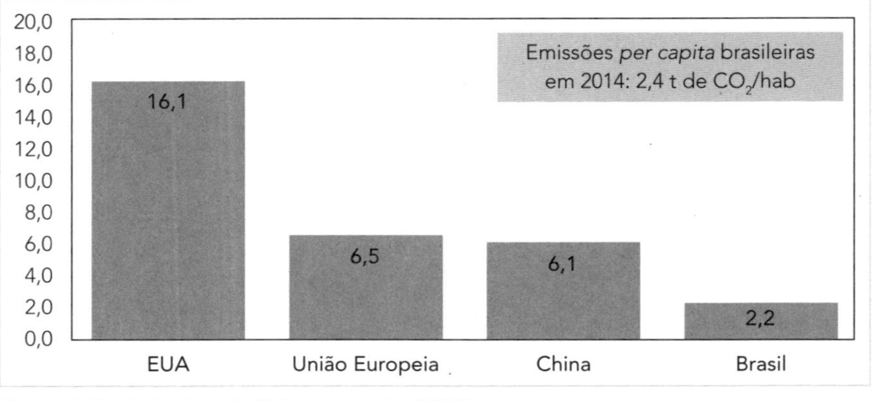

Figura 4.3 Emissões de CO_2 *per capita* (2012).

Fonte: BEN (2015).

Planejamento brasileiro de energia

O planejamento brasileiro de energia deve contemplar a produção e a oferta de energia em períodos de curto, médio e longo prazo, resguardando o país em sua suficiência de energia. A responsabilidade por planejamento, geração e distribuição de energia no Brasil é definida em âmbito federal pelo Ministério de Minas e Energia, cuja estrutura organizacional foi determinada pelo Decreto Federal n. 7.798/2012. Por sua vez, a estruturação atual do planejamento de energia estabeleceu-se, em 2004, por meio da Lei n. 10.847/2004, que criou a Empresa Brasileira de Pesquisa Energética (EPE). De acordo com o art. 2º da Lei n. 10.847/2004, a EPE "tem por finalidade prestar serviços na área de estudos e pesquisas destinadas a subsidiar o planejamento do setor energético, tais como energia elétrica, petróleo e gás natural e seus derivados, carvão mineral, fontes energéticas renováveis e eficiência energética, dentre outras".

Conforme a Lei n. 10.847/2004 (regulamentada pelo Decreto Federal 5.184/2004), compete à EPE uma série de funções, destacando-se: realizar estudos e projeções da matriz energética brasileira; elaborar e publicar o balanço energético nacional; identificar e quantificar os potenciais de recursos energéticos; elaborar estudos necessários para o desenvolvimento dos planos de expansão da geração e transmissão de energia elétrica de curto, médio e longo prazos; promover estudos para dar suporte ao gerenciamento da relação reserva e produção de hidrocarbonetos no Brasil, visando à autossuficiência sustentável; promover estudos de mercado visando definir cenários de demanda e oferta de petróleo, seus derivados e produtos petroquímicos; desenvolver estudos de impacto social, viabilidade técnico-econômica e socioambiental para os empreendimentos de energia elétrica e de fontes renováveis; desenvolver estudos para avaliar e incrementar a utilização de energia proveniente de fontes renováveis; dar suporte e participar nas articulações visando à integração energética com outros países; promover estudos e produzir informações para subsidiar planos e programas de desenvolvimento energético ambientalmente sustentável, inclusive, de eficiência energética; promover planos de metas voltadas para a utilização racional e conservação de energia, podendo estabelecer parcerias de cooperação para este fim; elaborar e publicar estudos de inventário do potencial de energia elétrica, proveniente de fontes alternativas. Dentro do planejamento de energia brasileira, tem-se como principais agentes:

- **Conselho Nacional de Política Energética – CNPE**: criado por meio da Lei Federal n. 9.478/1997, vinculado diretamente à Presidência da República, dada a importância estratégica da energia para uma nação, com a presidência ocupada pelo Ministro de Estado de Minas e Energia, e tem por

atribuição: formulação da política energética em articulação com as demais políticas públicas.
- **Ministério de Minas e Energia - MME**: tem por atribuição determinar princípios e diretrizes para garantir a implementação da política energética brasileira e a formulação de políticas para o setor elétrico.
- **Empresa de Pesquisa Energética - EPE**: execução dos estudos do planejamento energético.

Os principais instrumentos do planejamento energético integrado nacional, expressos na Lei n. 10.847/2004, são:

- **Balanço Energético Nacional - BEN**: documento preparado anualmente pela EPE, que consolida os dados relativos da pesquisa e da contabilidade da oferta e do consumo de recursos energéticos no país, o que permite mapear as características do fluxo de energia no país; são apresentadas as atividades de extração de energia primária, da conversão dessa energia em secundária, da importação e exportação de energia, da distribuição e do uso final da energia no Brasil.

De acordo com o BEN 2015 (referente ao ano 2014), os principais resultados para oferta e consumo de energia e dados de emissões de gases de efeito estufa referem-se a:

- A oferta interna de energia - energia total que é demandada no país - atingiu 305,6 Mtep, registrando uma taxa de crescimento de 3,1% com relação ao PIB nacional de 0,1%.
- 80% do crescimento de oferta de energia interna no país é creditado ao uso de gás natural, petróleo e derivados, uma vez que houve a redução na oferta interna de hidroeletricidade com consequente aumento de geração térmica.
- Quanto ao setor de transportes - líder no crescimento da demanda em 2014 - o consumo incrementou de modo representativo pelo terceiro ano consecutivo, em grande parte pelo etanol, cuja produção e consumo aumentaram, respectivamente, 3,3% e 8,2% em relação ao ano anterior.
- Quanto ao setor de energia elétrica - pelo terceiro ano consecutivo houve queda na oferta de energia hidráulica pelas condições hidrológicas adversas. A redução da oferta hídrica justifica o decréscimo paulatino e contínuo da participação de renováveis na matriz elétrica, de 84,5% em 2012 para 79,3% em 2013 e 65,2% em 2014, apesar do incremento de 3.177 MW na potência instalada do parque hidrelétrico. O consumo final de eletricidade

aumentou 2,9%, pela expansão da geração térmica movida a carvão mineral (+ 24,7%), gás natural (+ 17,5%) e biomassa (+ 14,1%); a demanda de eletricidade registrou maior crescimento no setor residencial (+ 5,7%) e comercial (+ 7,4%).

- Quanto às emissões: o total de emissões de GEE foi de 485,2 milhões de toneladas de dióxido de carbono equivalente (Mt CO_2-eq), sendo a maior parte (221,9 Mt CO_2-eq) gerada no setor de transportes. A economia brasileira continua, em média, 32% menos intensa em carbono do que a economia europeia, 53% menos do que a economia americana e 73% menos do que a economia chinesa.
- **Matriz Energética Nacional – MEN**: a matriz energética nacional foi publicada pela EPE, em 2007, consolidando os estudos desenvolvidos acerca da expansão da oferta e da demanda de energia no Brasil até o horizonte de 2030, considerados os anos de 2005, 2010, 2020 e 2030; esses cenários prospectivos da matriz brasileira permitem a comparação da matriz energética brasileira ao longo do tempo e com outros países.
- **Plano Nacional de Energia – PNE 2030**: o diagnóstico estratégico do setor de energia brasileiro, estatístico e retrospectivo do BEN e prospectivo do MEN 2030, é utilizado na elaboração do planejamento de energia no país, de modo a avaliar as alternativas possíveis entre as mais diversas formas de obtenção de energia e o atendimento das demandas nacionais. O PNE 2030 estabelece as diretrizes para a expansão do sistema de energia brasileiro a partir de estratégias para longo prazo, contendo cenários de demanda, os recursos energéticos disponíveis, as necessidades de importação de energia, formas para atender à demanda, uso de inovação tecnológica e aspectos de sustentabilidade.
- **Plano Decenal de Expansão de Energia – PDE**: também é realizado com base nos dados divulgados no BEN, mas contemplando o planejamento de médio prazo, em um horizonte de 10 anos, apresentando os projetos que devem ser executados para atender a demandas previstas. É revisto anualmente, encontrando-se atualmente na versão PDE 2024. Neste último relatório vigente, estima-se um aumento de 55,3% na capacidade instalada de energia elétrica, um acréscimo de 121,7% na produção de petróleo, de 65,2% na produção de gás natural e de 52% com relação à de etanol.

FONTES DE ENERGIA NÃO RENOVÁVEIS

As principais fontes de energia não renováveis correspondem, principalmente, às de origem fóssil. Dentre as fontes de energia fóssil – petróleo, carvão, gás natural, óleo, xisto betuminoso, alcatrão – o petróleo apresenta-se na forma líquida e menos denso que a água, sendo basicamente constituído por hidrocarbonetos e outros compostos, contendo ainda oxigênio, nitrogênio e enxofre, dentre outros com menor percentual.

O petróleo é o principal recurso energético mundial, tendo como principal produto a gasolina, mas também oferecendo a geração de outros combustíveis líquidos, tais como: óleo combustível, óleo diesel e outros. O petróleo ainda é base para a indústria petroquímica, propiciando uma gama de produtos químicos diversificados como plásticos, fibras sintéticas, tintas, fertilizantes, pesticidas e até remédios, dentro outros.

Atualmente, em função de reservas recém-descobertas, é considerado um recurso natural relativamente abundante. O Brasil posiciona-se em 13º lugar na detenção de reservas mundiais de petróleo, em razão da descoberta da camada pré-sal, situada em águas ultraprofundas, sendo uma das mais importantes descobertas no campo da energia fóssil nos últimos tempos, que alçou o Brasil a uma favorável posição estratégica quanto a essa fonte de energia.

Salvo em condições particulares, o petróleo encontra-se em subsuperfície, às vezes em elevadas profundidades. Assim, a pesquisa, a prospecção, a exploração, o beneficiamento e a distribuição do recurso requerem o uso de tecnologias complexas e demandam custos elevados. Dada a importância desse recurso e o custo para sua exploração em algumas situações, não por acaso, o petróleo foi responsável por crises econômicas mundiais e motivação para guerras.

O petróleo encontra-se no centro das discussões de desenvolvimento econômico e desenvolvimento sustentável. Por ser a principal fonte de energia mundial, por um lado ainda não se vislumbra em curto prazo a ruptura dessa dependência, por outro lado, seus resíduos estão associados ao principal problema ambiental enfrentado pela humanidade, que é o agravamento das emissões de GEE que afetam o efeito estufa natural e contribuem para as mudanças climáticas que ameaçam a vida no planeta. O Quadro 4.2 apresenta uma breve descrição das principais fontes não renováveis.

FONTES DE ENERGIA RENOVÁVEIS

As fontes de energia renováveis são das mais diversificadas possíveis, sendo ofertadas pela natureza em quantidade inesgotável, desde que sua capacidade de regeneração seja respeitada enquanto aproveitamento energético e de acordo com as premissas do desenvolvimento sustentável. O principal gargalo para garantir maior competitividade dessas fontes refere-se exatamente à limitada eficiência de produção de energia quando comparadas às fontes fósseis e outras convencionais, como hidrelétrica. Ao mesmo tempo, gozam de incentivos, por vezes até econômicos, por meio de investimentos elevados em pesquisas em garantias para que possam competir com as fontes convencionais em determinados contextos. Ademais, tem sido crescentemente objeto de pesquisa acadêmica, no âmbito técnico-científico, para romper os atuais limites dos domínios tecnológicos visando promover sua larga exploração. O Quadro 4.3 apresenta um resumo das principais fontes renováveis disponíveis.

Quadro 4.2 Caracterização das principais fontes de energia não renováveis

Fonte de energia não renovável	Características de jazimento da fonte de energia não renovável
Petróleo e gás natural	Os restos de animais e vegetais que estavam presentes na terra há milhões de anos foram submetidos a processos geológicos, sendo transformados em importantes depósitos geológicos de energia solar, que foi armazenada em energia química ao longo do tempo geológico, constituindo-se predominantemente por hidrocarbonetos. Dentre os derivados das fontes fósseis mais comuns encontram-se aqueles derivados de petróleo, como gasolina, óleo diesel, querosene e outros.
Carvão mineral	Também de origem fóssil sedimentar, é constituído por carbono, hidrogênio, oxigênio, enxofre e cinzas, que, ao ser queimado, libera elevada quantidade de energia.
Óleos pesados não convencionais (xistos e areias com alcatrão)	O óleo cru pode ser obtido a partir dos próprios depósitos brutos de petróleo, mas também por outros mecanismos de exploração em rochas sedimentares (xistos) e nos depósitos arenosos também conhecidos como areias com alcatrão.
Gases não convencionais (gás de xisto ou *shale gas*)	O gás de xisto encontra-se em uma rocha de origem sedimentar, tendo basicamente a mesma constituição do petróleo, entretanto, o jazimento do bem mineral é distinto do petróleo convencional.
Fontes nucleares	As fontes nucleares, que são principalmente o urânio, mas também o tório, são encontradas em depósitos geológicos na natureza. A energia é produzida pelo decaimento radioativo desses bens minerais quando transformados em processos de obtenção de energia, como fissão e fusão nuclear.
Depósitos geotérmicos	Os processos geotérmicos caracterizam-se pela liberação de calor por meio de vapor seco, água quente ou mistura de ambos durante o fluxo térmico que ocorre na transferência de calor entre o núcleo da Terra e as camadas mais externas (manto e crosta) por decaimento de substâncias radioativas presentes no material constituinte da Terra.

Quadro 4.3 Caracterização das principais fontes de energia renováveis

Fonte de energia renovável	Características
Energia solar	A energia radiante do sol de uso direto pode ser aproveitada para aquecimento de água em residências e para a geração de energia elétrica por meio de células fotovoltaicas.
Energia das marés e das ondas	A variação do nível das marés nos oceanos pode ser usada para aproveitamento energético produzindo energia mecânica, cuja viabilidade econômica está diretamente relacionada à diferença entre os níveis de maré alta e baixa.
Energia eólica	A energia eólica é obtida pela força dos ventos, por meio do uso de cataventos que são construídos em áreas em que é intensa a movimentação das massas de ar, bem como constantes ao longo do ano, garantindo a eficiência econômica do aproveitamento.
Energia hidráulica	O aproveitamento energético nesse caso se dá pela energia gerada pela força das águas. A matéria contém energia cinética e potencial. A partir de uma hidrelétrica, pode-se caracterizar a energia potencial como aquela armazenada nas águas do reservatório que se transforma em energia cinética quando o deslocamento dessa massa de água, em determinada velocidade pelas turbinas dessa hidrelétrica, gera energia em movimento, que pode ser utilizada.
Biomassa para combustível líquido	Vários tipos de biomassa podem ser utilizados para produção de combustível líquido, destacando-se o etanol da cana-de-açúcar, mas também pode ser proveniente de milho, beterraba e outras fontes. A rota mais comumente utilizada para obtenção refere-se aos tradicionais processos de fermentação e destilação.
Biomassa para produção de gás (eletricidade) – biogás – e calor	Vários tipos de biomassa podem ser utilizados para produção de gás e calor. Destaca-se o gás natural que resulta da decomposição anaeróbia de compostos orgânicos, por exemplo, lixo orgânico, podendo ser obtidos em aterros sanitários. Outro exemplo é o uso do carvão de origem vegetal para aquecimento. A rota mais comumente utilizada para obtenção está relacionada aos processos de queima da biomassa.

(continua)

Quadro 4.3 Caracterização das principais fontes de energia renováveis *(continuação)*

Fonte de energia renovável	Características
Gás hidrogênio	Essa fonte de energia é obtida por meio de processos eletroquímicos quando da eletrólise da água, sendo seu aproveitamento a partir da queima do gás hidrogênio.
Depósitos geotérmicos	Considera-se energia renovável de fonte geotérmica aquela que é gerada a partir de elementos radioativos presentes nos depósitos subterrâneos e no magma, em regiões de vulcões na Terra. Esse tipo de fonte para produção de energia elétrica é explorada onde esse calor se manifesta próximo à superfície, ou seja, em áreas tectonicamente ativas como a Islândia.

IMPACTOS AMBIENTAIS DAS FONTES DE ENERGIA

A consolidação da indústria petrolífera permitiu à população mundial todas as melhorias da vida moderna propiciadas pelo uso da energia. Entretanto, o uso intensivo desses recursos não renováveis trouxe uma série de impactos ambientais relativos às emissões dos gases de efeito estufa, liberados pela queima e pelo processamento dessa fonte de energia que ameaçam a sustentabilidade e a própria existência da vida na Terra. As fontes fósseis causam poluição na água, solo e ar, bem como degradação ambiental, afetando ecossistemas marinhos e terrestres.

Nesse contexto, vem ganhando espaço de modo exponencial a discussão das fontes de energia alternativas como fonte de energia que pode reverter ou ao menos conter a situação grave em que se encontra o planeta frente à ameaça dos GEE e à camada de ozônio que regula a temperatura do planeta. Boa parte das fontes alternativas é renovável e considerada fonte de energia "limpa", pois embora causem impactos ambientais, não contribuem de maneira significativa para o aumento da emissão dos gases de efeito estufa.

Cabe destacar que independente da origem da fonte de energia, renovável ou não, sempre haverá impactos ambientais associados a todo o ciclo de vida das fontes de energia, desde a extração até as mais diversificadas formas de uso final de energia. O Quadro 4.4 sintetiza alguns dos principais impactos ambientais das principais fontes de energia empregadas no mundo.

Quadro 4.4 Impactos ambientais das fontes de energia

Fonte de energia	Impactos ambientais associados
Fontes fósseis (petróleo)	As fontes fósseis não somente causam impactos ambientais durante sua queima na etapa de uso final; a exploração de petróleo, sobretudo a *offshore* (nos mares), causa impactos decorrentes de vazamentos durante a extração do bem mineral e no transporte. Os derramamentos de petróleo matam espécies da flora e fauna marinha, afetando os ecossistemas marinhos e terrestres litorâneos, bem como causando poluição hídrica. Destaca-se o fatídico episódio do petroleiro Exxon Valdez, que derramou 42 milhões de litros de petróleo no Alasca ao chocar-se com arrecifes, em 1989.
Fontes fósseis (gás natural)	O gás natural gera uma quantidade menor de poluentes se comparado a outros derivados de petróleo, produzindo muito pouco SO_2 e quase nada de material particulado, bem como menos óxidos de nitrogênio. Os principais impactos negativos estariam relacionados às etapas de extração e transporte do gás natural.
Fontes fósseis (carvão mineral)	O uso do carvão mineral como fonte de energia também é responsável por uma série de impactos ambientais, a sua queima produz quantidades mais elevadas de CO_2 por unidade de energia, se cotejada às outras fontes fósseis, sendo uma das fontes de energia que mais contribui para a emissão de GEE. Os passivos ambientais originados em áreas de carvão mineradas em subsuperfície representam uma série de impactos ambientais relacionados à intensificação de processos erosivos, à destruição de habitat por supressão vegetal e à deterioração da qualidade de água superficial e subterrânea por materiais tóxicos associados a seus processos positivos. Os rejeitos dos processos podem sofrer lixiviação de substâncias tóxicas, contaminando águas superficiais e subterrâneas. Ademais, podem ocorrer problemas de subsidência no terreno levando à perda de residências e bens em superfície. As emissões dos gases provenientes da queima do carvão, óxidos de enxofre e nitrogênio são responsáveis por contribuir para dois fenômenos climáticos relevantes: o *smog* industrial e a chuva ácida.

(continua)

Quadro 4.4 Impactos ambientais das fontes de energia *(continuação)*

Fonte de energia	Impactos ambientais associados
Fontes fósseis (gás de xisto ou gás não convencional)	Vem sendo recentemente exploradas por países como Estados Unidos. O Brasil, embora ainda não utilize o recurso, detém a décima reserva mundial. Esse recurso causa impactos ambientais relacionados ao consumo elevado de água para perfuração pelo método do faturamento hidráulico. No Brasil, a possibilidade de ocorrência desses impactos ambientais vem causando preocupação, pois algumas áreas de ocorrência do gás de xisto coincidem com a do acuífero Guarani e se teme pela integridade desse importante manancial de água subterrânea.
Energia nuclear	Tem como um dos principais impactos os riscos elevadíssimos para as pessoas e para o meio ambiente em função do volume de resíduo radioativo que deve ser armazenado em um local seguro, por um longo período, estimado como superior a 10.000 anos até que não ocorra mais emissão radioativa para o ambiente. Os resíduos tóxicos configuram riscos extremamente elevados para o meio ambiente e o homem.
Energia hidrelétrica	Os impactos ambientais de uma hidrelétrica, sobretudo aqueles associados ao grande reservatório que se forma com a implantação da barragem (e que maior será quanto maior for a potência instalada da usina e da declividade baixa do terreno), causam perda de biodiversidade, afetam populações ribeirinhas e grupos étnicos mais sensíveis, modificam a qualidade da água e afetam toda a paisagem do entorno. Uma das preocupações recentes com esse modo de obtenção de energia refere-se ao elevado número de usinas hidrelétricas projetadas para a região Amazônica brasileira, destacando-se Jirau e Belo Monte.
Energia solar direta	A energia solar direta, embora ainda distante de produzir energia elétrica com a eficiência de uma hidrelétrica, tem a vantagem de associar poucos impactos ambientais. Os impactos ambientais dessa opção energética estão mais associados ao ciclo de vida de produção e do descarte das placas solares.

(continua)

Quadro 4.4 Impactos ambientais das fontes de energia *(continuação)*

Fonte de energia	Impactos ambientais associados
Energia eólica	A energia eólica também ocasiona impactos ambientais pouco significativos se comparada às formas tradicionais de obtenção de energia. Também de eficiência de produção limitada, as fontes eólicas necessitam de fontes complementares para os períodos de calmaria dos ventos. Os impactos ambientais associados à energia eólica, além do ciclo de fabricação e descarte das pás das turbinas eólicas, remetem à demanda por grandes áreas, causando impactos visuais, bem como ao movimento e ao ruído das pás que causam efeitos negativos em aves migratórias.
Biomassa	A biomassa é outra importante fonte alternativa de energia e tem uma origem muito diversificada como carvão vegetal, madeira, lenha, lixo, e outras várias espécies vegetais. Sem dúvida alguma, a principal biomassa utilizada no Brasil para energia é a cana-de-açúcar que produz o etanol, mas cuja palha também é aproveitada na cogeração de energia. Os impactos ambientais da biomassa da cana na fase agrícola são aqueles esperados para esse cultivo, como uso elevado de água, intensificação de processos erosivos, emissão de poluentes pela queima, dentre outros; e na fase industrial, a geração do vinhoto, embora possa ser aproveitado para fertirrigação na própria etapa de cultivo agrícola. Há a preocupação ainda da expansão de grandes áreas de monocultura e suas implicações para a biodiversidade. As grandes questões suscitadas pela biomassa da cana-de-açúcar, que conjuntamente com outros biocombustíveis representa papel de destaque no enfrentamento das mudanças climáticas como fonte alternativa de combustível, referem-se à segurança alimentar. Há controvérsias quanto à competição por terras agriculturáveis para produção de alimento e de energia. Ademais, a própria mudança de uso do solo para cultivos agrícolas também contribui para a emissão de GEE.
Depósitos geotérmicos	Os principais impactos ambientais referem-se à subsidência do terreno e à depleção do recurso.

CONSIDERAÇÕES FINAIS: INOVAÇÕES TECNOLÓGICAS E DESAFIOS NO ÂMBITO DAS CIDADES SUSTENTÁVEIS

Na busca por matrizes de energia diversificadas e por atender aos princípios de desenvolvimento sustentável no setor de energia, invariavelmente, o tema inovação tecnológica integra qualquer agenda de pesquisa. O campo de pesquisa e inovação em energia é vasto e, para exemplificar, pode-se citar a indústria nacional de cana-de-açúcar para produção de energia.

Iniciando pelas fontes não renováveis, como é o caso do petróleo, as descobertas do pré-sal no Brasil e, mais recentemente, no Japão, estimulam novos investimentos das empresas de petróleo em tecnologias de extração em águas profundas. Para tanto, o modelo de gestão das empresas precisa sofrer adequações para uma melhor promoção de parcerias com fornecedores, universidades e centros de pesquisa.

Considerando as fontes renováveis, o Brasil, com o uso da cana-de-açúcar, cada vez mais se consagra como um importante *player* no mercado internacional de etanol. Esta matéria-prima oferece a produção do etanol pelas rotas tradicionais de destilação e fermentação, mas também há pesquisa no campo de desenvolvimento das rotas de 2ª geração, que seria a obtenção do etanol a partir da palha e do bagaço da cana por meio de processos lignocelulósicos. Nesse contexto de aproveitamento total da cana e de seus subprodutos, destaca-se a cogeração de energia a partir do processamento da palha em reatores térmicos para obtenção de energia elétrica.

Esse desenvolvimento tecnológico visaria alçar o sistema produtivo da cana-de-açúcar em um contexto de biorrefinaria, por meio do aproveitamento integral dessa biomassa, convertendo toda a matéria vegetal da cana em energia, por meio de processos físico-químicos e biológicos, com reduzido impacto ambiental. Entre os principais benefícios destacam-se: o aproveitamento integral da cana-de-açúcar e seus derivados; o uso dos subprodutos da cana disponíveis nas usinas, apresentando uma vantagem logística; o aumento da fabricação de etanol em até 50% sem ampliar a área de cultivo; a produção do biocombustível mesmo durante a entressafra da cana; e a redução da emissão de CO_2 durante a produção, gerando um combustível mais limpo (Raízen, 2016).

Também destacam-se as pesquisas com hidrogênio, considerado uma aposta como combustível do futuro por ser fonte renovável e nula em emissões de GEE, e o amplo uso da energia solar fotovoltaica também pelos impactos ambientais reduzidos associados.

A Organização das Nações Unidas (ONU) promulgou a década de 2014 a 2023 de "Energia sustentável para todos", contemplando três macro-objetivos:

acesso universal à energia, energias renováveis e eficiência energética. Na proposição da ONU, fica evidente que a promoção do desenvolvimento sustentável é necessariamente para garantir que a energia fomente o desenvolvimento econômico de todos os países do mundo, mas que se busque a eficiência na sua produção e uso, com estímulo intenso à ampliação da oferta de energias renováveis na matriz energética mundial. Nesse sentido, energia e sustentabilidade são temas inseparáveis no mundo atual e, como a maior parte da população mundial vive nas cidades, essa agenda também se integra aos desafios no âmbito das cidades sustentáveis.

REFERÊNCIAS

[BEN] BALANÇO ENERGÉTICO NACIONAL. 2015. Disponível em: https://ben.epe.gov.br/downloads/S%C3%ADntese%20do%20Relat%C3%B3rio%20Final_2015_Web.pdf. Acesso em: 20 mar. 2016.

BRAGA, B. et al. *Introdução à engenharia ambiental.* São Paulo: Prentice Hall, 2002.

DUARTE, C.G. et al. Sustainability assessment and energy future: opportunities for Brazilian sugarcane ethanol planning. In: Morrison-Saunders, A.; Pope, J.; Bond, A. (Orgs.). *Handbook of sustainability assessment.* 1.ed. Northampton, MA: Edward Elgar, 2015, v. 1, p. 127-152.

[EPE] EMPRESA DE PESQUISA ENERGÉTICA. *Plano Nacional de Energia 2030.* 2007. Disponível em: http://www.epe.gov.br/PNE/20080111_1.pdf. Acesso em: 01 maio 2016.

[MME] MINISTÉRIO DE MINAS E ENERGIA. *Resenha energética brasileira.* 2015. Disponível em: http://www.mme.gov.br/documents/1138787/1732840/Resenha+Energética+-+Brasil+2015.pdf/4e6b9a34-6b2e-48fa-9ef8-dc7008470bf2. Acesso em: 20 mar. 2016.

RAÍZEN. *Etanol de segunda geração.* Disponível em: http://www.raizen.com.br/en/node/37. Acesso em: 01 maio 2016.

TOLMASQUIM, M.T.; GUERREIRO, A.; GORINI, R. Matriz energética brasileira: uma prospectiva. Novos estudos-CEBRAP, n. 79, 2007, p. 47-69.

5

Gerenciamento da demanda de energia em cidades

Alexandre Aguiar
Cláudia Terezinha Kniess
Heidy Rodriguez Ramos
Amarilis Lucia Casteli Figueiredo Gallardo

INTRODUÇÃO

As premissas da sustentabilidade aplicadas ao espaço urbano têm acionado diversas representações para a gestão das cidades, desde a administração de riscos e incertezas ao incremento da capacidade adaptativa – resiliência – das estruturas urbanas.

A urbanização rápida e não planejada, a concentração de indústrias, a acumulação de riquezas sem a distribuição igualitária de benefícios sociais, o crescimento acelerado e a degradação ambiental são alguns fatores que motivaram a busca do desenvolvimento sustentável nas cidades. O estudo de Acserald (2001) apresentou três matrizes discursivas que enfatizam as representações de cidade, resultando em propostas de ações para a questão ambiental urbana. Essas matrizes são:

- Representação técnico-material da cidade.
- A cidade como espaço da "qualidade de vida".
- A restauração da legitimidade das políticas urbanas.

Segundo Sampaio (2009), as três matrizes propostas por Acserald (2001) estão interligadas, pois, para que se tenha a racionalidade ecoenergética é necessário buscar uma maior eficiência no uso dos recursos naturais e equidade no acesso aos serviços urbanos, incentivando o uso de meios de transporte menos poluentes, aproximando-se do modelo da pureza. Para se obter uma cidade sustentável, é necessário considerar essas três matrizes agindo em conjunto.

Neste sentido, pode-se dizer que em relação à eficiência especificamente material, a cidade sustentável será aquela que, para uma mesma oferta de serviços, minimiza o consumo de energia fóssil e de outros recursos materiais, explorando ao máximo os fluxos locais e satisfazendo o critério de conservação de estoques e de redução do volume de rejeitos (Acserald, 1999).

Tratar de eficiência energética é retomar o conceito de ecoeficiência, ou seja, produzir mais bem-estar consumindo menos recursos. Embora seja absolutamente essencial buscar fontes alternativas de energia, conseguir atingir os níveis de bem-estar esperados pela população consumindo menos recursos energéticos, sejam eles quais forem, também é essencial. De acordo com o Programa das Nações Unidas para o Desenvolvimento (Unep), vários estudos apontam para o fato de que com investimentos entre US$ 300 bilhões e USS 1 trilhão, dependendo dos critérios, pode-se atingir uma economia global de um terço do consumo em edifícios até 2050, com evidentes ganhos também nas emissões de gases de efeito estufa (Unep, 2011).

As medidas relativas à eficiência energética têm sido aplicadas em nível global desde a década de 1970, principalmente em decorrência das crises do petróleo. Nesse sentido, surgiram iniciativas de conscientização dos consumidores sobre o uso racional e eficiente da energia, como incentivos fiscais e descontos tarifários para a aquisição de equipamentos mais eficientes, além de consideráveis investimentos em pesquisa e desenvolvimento. Neste cenário, emergiram legislações estabelecendo níveis mínimos de eficiência obrigatórios para equipamentos, veículos e prédios, por meio de programas de etiquetagem (Souza et al., 2009). A atual década é marcada pela expansão do uso de leilões de eficiência energética, movimento iniciado na década de 1990, nos mercados atacadistas de energia elétrica e de gás natural.

No Brasil, a consistência de programas nacionais que combinam adesões voluntárias com legislação compulsória, além de um suporte proporcionado pelos recursos decorrentes das receitas das concessionárias, fez do país referência internacional no que diz respeito a programas de eficiência energética (Souza et al., 2009).

Projetos permanentes de eficiência energética nas cidades são imprescindíveis para o funcionamento dos serviços essenciais e à segurança da população nas ruas. Em tempos de apagões, medidas governamentais são necessárias para tentar diminuir o valor da conta de luz dos cidadãos e problemas de abastecimento em virtude dos períodos de seca nas hidrelétricas. O sucesso destes projetos exige uma forte conscientização social, investimento e inovação, assim como a adoção de uma estratégia política.

MARCO REGULATÓRIO PARA GERAÇÃO E CONSUMO

A indústria de energia elétrica no Brasil está dividida em quatro segmentos: geração, transmissão, distribuição e comercialização. A restruturação do setor elétrico brasileiro teve início nos anos 1990, quando os segmentos de transmissão e distribuição permaneceram monopólios regulados e os segmentos de geração e comercialização foram expostos à livre competição. Nesse cenário, a maior parte das empresas de distribuição foi privatizada, as grandes empresas de transmissão continuaram de propriedade estatal e apenas poucas empresas de geração foram transferidas à iniciativa privada.

Desde então, esforços têm sido empreendidos na estruturação do arcabouço regulatório e na formulação das regras do Mercado Atacadista de Energia Elétrica (MAE).

A Constituição Federal brasileira prevê que a exploração de serviços e instalações de energia elétrica pode ser realizada diretamente pelo Governo Federal ou indiretamente por meio da outorga de concessões, permissões ou autorizações. Historicamente, tais serviços eram explorados principalmente pelo Governo Federal. Nos últimos anos, o Governo Federal adotou diversas medidas para reformular o setor elétrico brasileiro. Em geral, essas medidas visavam aumentar a participação do investimento privado e eliminar restrições aos investimentos estrangeiros, aumentando, dessa forma, a concorrência no setor.

O Brasil dispõe de vários mecanismos de promoção da eficiência energética e da conservação de energia oriundos do apoio e/ou incentivo do Ministério de Minas e Energia (MME), tanto do ponto de vista de leis e decretos que regulamentam a matéria, como de programas. Neste sentido, o Quadro 5.1 mostra exemplos significativos.

Quadro 5.1 Leis e decretos que regulamentam ações relacionadas à eficiência energética e à conservação de energia

Ano	Instrumentos regulatórios	Comentários
1995	Lei de Concessões	Regulamenta o art. 175 da Constituição Federal.
	Lei do Setor Elétrico	Normas para outorga e prorrogação de concessões de serviços públicos existentes e desverticalização dos serviços de energia elétrica.

(continua)

Quadro 5.1 Leis e decretos que regulamentam ações relacionadas à eficiência energética e à conservação de energia *(continuação)*

Ano	Instrumentos regulatórios	Comentários
1996	Lei n. 9.427	Institui a Aneel com suas atribuições de órgão regulador.
1997	Lei n. 9.478	Cria o Conselho Nacional de Política Energética (CNPE).
2000	Decreto n. 3.371	Cria o Programa Prioritário de Termeletricidade (PPT), com a finalidade de diversificar a matriz energética brasileira e diminuir sua forte dependência das usinas hidrelétricas.
	Lei n. 9.991	Dispõe sobre a realização de investimentos em pesquisa e desenvolvimento e em eficiência energética por parte das empresas concessionárias, permissionárias e autorizadas do setor de energia elétrica.
2001	Lei n. 10.295: Lei da Eficiência Energética	Dispõe sobre a Política Nacional de Conservação e Uso Racional de Energia.
2004	Marco regulatório implementado pela Lei n. 10.848	A regulação passa a considerar as especificidades únicas do setor elétrico nacional, em vez de incorporar modelos de países de base térmica, como no passado.
2007	Lei n. 11.465: reformulando o PEE	Altera os incs. I e III do caput do art. 1° da Lei n. 9.991, de 24 de julho de 2000, prorrogando, até 31 de dezembro de 2010, a obrigação de as concessionárias e permissionárias de serviços públicos de distribuição de energia elétrica aplicarem, no mínimo, 0,50% de sua receita operacional líquida em programas de eficiência energética no uso final.
2012	Resolução Normativa Aneel n. 482/2012	Estabelece as condições gerais para o acesso de microgeração e minigeração distribuída aos sistemas de distribuição de energia elétrica, o sistema de compensação de energia elétrica, e dá outras providências.

O Ministério de Minas e Energia fomenta uma série de ações e programas relacionados à área de minas e energia (Brasil, 2016b). Como principais programas destacam-se:

- Programa Nacional de Conservação de Energia Elétrica (Procel).
- Programa Nacional da Racionalização do Uso dos Derivados do Petróleo e do Gás Natural.
- Programa Brasileiro de Etiquetagem (PBE).
- Fundos Setoriais.
- Proesco.
- Plano Nacional para Mudanças Climáticas (PNMC).
- Luz para Todos.
- Programa de Incentivo às Fontes Alternativas de Energia Elétrica (Proinfa).
- Projeto Ônibus Brasileiro a Hidrogênio.
- Desenvolvimento Sustentável na Mineração.
- Tecnologia e Transformação Mineral.

O Quadro 5.2 apresenta as ações desenvolvidas pelo Ministério de Minas e Energia neste contexto (Brasil, 2016b).

Quadro 5.2 Ações desenvolvidas pelo Ministério de Minas e Energia

Área	Ações
Ações em geologia, mineração e transformação mineral	Marco Regulatório da Mineração; Plano Nacional de Mineração 2030.
Ações relacionadas ao planejamento e desenvolvimento energético	Balanço Energético Nacional; Boletim Mensal de Energia; Consolidação de Obras da Rede Básica; Matriz Energética Brasileira 2030; Plano Nacional de Energia 2030; Plano Decenal de Expansão de Energia (PDE 2020); Plano Nacional de Eficiência Energética (PNEF); Plano Nacional de Eficiência Energética (PNE).
Ações em petróleo, gás natural e combustíveis renováveis	Boletim de Exploração e Produção de Petróleo e Gás Natural; Relatório do Mercado de Derivados de Petróleo; Boletim Mensal de Combustíveis Renováveis; Boletim Mensal de Acompanhamento da Indústria de Gás Natural.
Ações em energia elétrica	Boletim de Monitoramento do Sistema Elétrico; Informativo Luz para Todos; Geração de Energia Elétrica – Dados Consolidados; Tarifa Social de Energia Elétrica; Informativo Tarifário; Relatório *Smart Grid*; Leilões de Energia.

Fonte: Brasil (2016b).

O *Plano Nacional de Eficiência Energética* (PNE) foi elaborado com o objetivo de cumprir as metas de eficiência energética estabelecidas no âmbito do Plano Nacional de Energia (PNE 2030). Desenvolvido a partir de um esforço coletivo coordenado pelo Ministério de Minas e Energia, com apoio de instituições como o Instituto Nacional de Metrologia, Qualidade e Tecnologia (Inmetro), da Empresa de Pesquisa em Energia (EPE), da Petrobras (Conpet), da Eletrobras (Procel), do Centro de Pesquisas de Energia Elétrica (Cepel), entre outros. Contou com participação direta de quase cem profissionais, tendo sido submetido a um processo de consulta pública (Brasil, 2016b).

O documento final foi aprovado por meio da Portaria MME n. 594, de 18 de outubro de 2012, e visa à inclusão da eficiência energética no planejamento do setorial energético de forma explícita e sustentável. O PNE está estruturado segundo 16 Diretrizes Básicas, orientando as atuações dos diversos entes públicos e privados no combate ao desperdício de energia e na construção de uma economia energeticamente eficiente. Tais ações ocorrerão mediante a escolha das formas de energia, tecnologias de equipamentos e processos operativos mais eficientes, objetivando uma meta de conservação anual de energia equivalente a 10% do consumo energético nacional no horizonte de 2030.

MEDIDAS DE CONSERVAÇÃO DE ENERGIA

O gerenciamento da demanda de energia na cidade pode requerer o uso de métodos para entender a demanda e, então, poder identificar as oportunidades de melhoria mais importantes para depois definir as estratégias a serem usadas. No Brasil, em 2014, os principais consumos de energia estavam no setor industrial com 32,9% e em transportes com 32,5%. O consumo residencial representava 9,3%, o comercial 3,2% e o consumo público 1,5% (EPE, 2015). Esses dados não separam consumo urbano e não urbano.

Entendendo o consumo real

Estimar o potencial de conservação e economia de energia na cidade não é algo fácil. O primeiro passo é entender como acontece esse consumo, e há vários métodos. A maioria deles faz primeiro um diagnóstico do consumo atual para depois estimar o potencial de redução. As características da cidade, tais como grau e tipo de desenvolvimento econômico, histórico das tecnologias utilizadas e a proporção entre cidade legal/ilegal influenciam os mecanismos urbanos e, portanto, o perfil de consumo de energia.

O conhecimento do consumo de energia da cidade tem basicamente dois métodos: o *top-down* (de cima para baixo) e o *bottom-up* (de baixo para cima).

As abordagens *top-down* buscam entender o comportamento do consumo de maneira "macro", utilizando-se de métodos econométricos que levam em conta o preço da energia, o aumento no número de residências, fatores climáticos e fatores tecnológicos, sem se preocupar em como o consumo ocorre detalhadamente em cada imóvel. Utilizam indicadores como consumo de energia *per capita* e buscam correlacionar com as variáveis socioeconômicas "macro". As abordagens *bottom-up* se dividem em duas categorias: os métodos estatísticos e os métodos de engenharia. Nos métodos estatísticos, seleciona-se uma amostra representativa de imóveis que busca as correlações entre o consumo e certas características dos usuários, como tipos de aparelhos em uso, tamanho e características do imóvel e hábitos dos usuários. Os métodos de engenharia usam conhecimentos de termodinâmica e do funcionamento dos equipamentos para estimar o consumo de energia em cada categoria, como aquecimento e ar-condicionado, iluminação, comunicação e entretenimento etc. Parti e Parti (1980), estudando uma amostra de cerca de 5.000 residências, concluíram, por exemplo, que o consumo da geladeira depende apenas do número de ocupantes, ao passo que o consumo em aquecimento e refrigeração independe do número de ocupantes, mas depende do preço da energia, da renda familiar, da área do imóvel e do número de equipamentos de aquecimento e refrigeração instalados.

Atualmente, todos esses métodos podem se beneficiar de tecnologias de monitoramento online, em que tanto o consumo de cada imóvel com medição quanto o funcionamento de equipamentos pode ser monitorado online, e os dados obtidos podem ser usados para compreender o comportamento do consumo. Várias pesquisas recentes têm utilizado sistemas de informação geográfica para compreender os padrões de consumo.

Estudo das alternativas de economia e redução do consumo de energia

Uma vez compreendidos as características e os padrões de consumo na cidade estudada, pode-se então buscar as alternativas e as prioridades para atuação em políticas públicas, tecnologia e gestão, visando reduzir o consumo de energia por meio da manutenção ou da melhoria dos padrões de qualidade de vida.

Uma vez conhecido o perfil e as características do consumo de energia na cidade, pode-se trabalhar com as alternativas tecnológicas, de política e de gestão para então estimar o potencial de redução e as vantagens e desvantagens de cada alternativa para tomada de decisão.

Esse processo envolve a modelagem das consequências das ações propostas e pode envolver novamente métodos de estimativa *top-down* ou *bottom-up*.

Uma vez que diversas variáveis estão envolvidas, como custo, impacto na economia, magnitude das reduções de consumo obtidas, nível de interferência nos hábitos da população, entre outras; abordagens multicritério vêm sendo preferidas nos estudos mais recentes.

Quando se leva em conta que a cidade é um ecossistema e tem um metabolismo, pode-se cogitar que haja fluxos de energia e outros recursos que possam ser aproveitados e fechados em ciclos, como ocorre nos ecossistemas naturais, ou que pelo menos os fluxos residuais de certas atividades possam ser aproveitados em outras. Isso leva ao conceito de "colheita urbana" (*urban harvesting*).

Agudelo-Vera et al. (2012) chamam a atenção para exemplos da aplicação potencial desse conceito, particularmente em água e energia. No caso da energia, apontam para a possibilidade de que calor residual de processos industriais ou de certos edifícios que requerem uma concentração ou fluxo maior de calor pode ser reutilizado em residências e outros edifícios menos exigentes, por exemplo, em termos de temperatura (Theodoridou et al., 2012). A Figura 5.1 mostra o esquema desse tipo de raciocínio. As energias de média e baixa qualidade podem ser, na realidade, correntes de ar quente ou de água quente, por exemplo. O fluxo de água mostra possibilidades conhecidas como de reúso.

Embora o tema de sustentabilidade em áreas urbanas venha ganhando interesse progressivo e o consumo de energia seja um dos temas centrais, planejar medidas para redução de consumo de energia em áreas urbanas é um desafio.

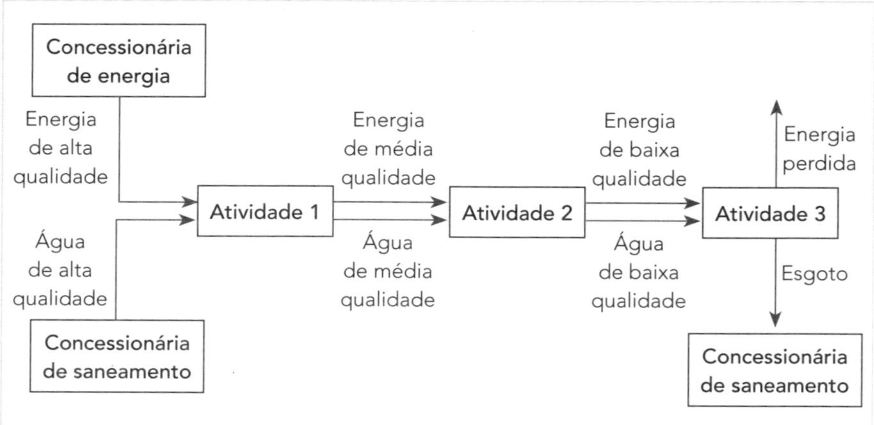

Figura 5.1 Exemplo esquemático de possibilidade de "colheita urbana".
Fonte: Autores.

As medidas sempre envolvem aspectos ambientais, econômicos e sociais. Além disso há um grande número de fatores que influenciam, como densidade das construções, perfil da ocupação e dos consumidores, qualidade da construção, fatores climáticos e vários aspectos socioeconômicos.

MÉTODOS DE ECONOMIA DE ENERGIA

De acordo com Unep (2011), as três principais estratégias para economia de energia em cidades são: projeto, tecnologia e comportamento.

Projeto

O projeto inclui tanto o planejamento da cidade como o projeto das edificações. Projetar áreas mais densas e com funções variadas facilita em termos de consumo de energia para o transporte, mas pode dificultar a insolação de imóveis, afetando temas como iluminação e aquecimento. Também pode interferir na disponibilidade de áreas verdes e na formação ou na possibilidade de se evitar ilhas de calor. Um projeto urbano favorável pode permitir ou dificultar os espaços necessários para geração descentralizada de energia que parecem ser uma tendência no médio prazo.

Aspectos de projeto, tanto do ponto de vista da estrutura urbana como dos edifícios, também podem ajudar ou dificultar a conservação e o reúso de recursos diversos como água, resíduos e principalmente energia, em especial se o conceito de "colheita urbana" for utilizado.

Nos países em desenvolvimento, destacam-se as soluções para construções passivas como as de maior efetividade de custo. É importante considerar que um projeto urbano e das edificações adequado permite economizar energia com ganhos de custos operacionais no longo prazo. Empresas que pensam no custo de operação dos edifícios, particularmente do ponto de vista da energia, levam esse conceito em consideração e privilegiam projetos que permitem o retorno em longo prazo.

Atualmente, em muitos casos, os técnicos notam problemas de projeto em edifícios existentes que dificultam a adaptação de edifícios a novas ideias de eficiência energética. Dois exemplos frequentes são a necessidade da divisão de circuitos de iluminação para permitir o ligar/desligar de ambientes mais específicos; e as dificuldades em regular a temperatura do ar-condicionado de acordo como as preferências e necessidades de diferentes ambientes atendidos por um mesmo aparelho. Tais desafios persistem, e espera-se que, com o tempo, novos recursos tecnológicos possam viabilizar soluções cada vez melhores.

Tecnologia

A progressiva disponibilidade de tecnologias mais eficientes em consumo de energia é uma aliada considerada, de maneira geral, indispensável para o desenvolvimento sustentável. Um exemplo significativo é a evolução dos modelos de lâmpadas, que dos modelos antigos de filamento de tungstênio evoluíram para os modelos fluorescentes e atualmente está em franca expansão o uso de lâmpadas de LED (*ligth emitting diode*, ou diodo emissor de luz). A substituição de aparelhos de televisão e monitores de computadores dos antigos modelos de tubos de raios catódicos por modelos de tela de cristal líquido e iluminação por LED também traz contribuições importantes.

Três fatores parecem importantes para viabilizar a implantação de tecnologias mais eficientes em consumo de energia:

- Pesquisa e desenvolvimento nessas tecnologias.
- Formação e informação de pessoal técnico e de engenharia para aplicação dessas tecnologias.
- Políticas públicas que permitam vencer as barreiras de entrada em mercados, que podem incluir tanto incentivos econômicos como isenções fiscais e financiamentos, quanto instrumentos de comando e controle que limitem o uso de tecnologias mais antigas.

Na medida em que as tecnologias de geração local e descentralizada, particularmente as baseadas em energia solar e eólica, se tornem mais acessíveis, há também a possibilidade de ganhos de eficiência. Esse aspecto pode levar a uma dificuldade maior na identificação de demandas, particularmente quando a geração local não for incluída na rede, de modo a ficar "escondida".

Comportamento

Diversos atores sociais defendem que ações simples e corriqueiras do dia a dia podem contribuir sensivelmente para a economia e a conservação de energia: apagar luzes ao deixar ambientes, banhos mais curtos, desligar monitores de computadores quando não em uso, entre outras. Há ainda a questão das preferências pessoais, como a escolha da temperatura para o funcionamento de aparelhos de ar condicionado.

Outras ações dependem de contextos mais complexos, como a atitude de consumidores no processo de compra considerando a valorização de atributos de eficiência energética. A rotulagem de produtos quanto a eficiência energética, como o selo Procel e o selo Procel Edifica no Brasil, ou o *Energy Star* nos

Estados Unidos, podem contribuir para essa escolha. No entanto, no Brasil, a importância da rotulagem ainda não tem tanto impacto quanto em países mais desenvolvidos, dado que o preço e as funcionalidades são mais valorizados que os atributos de sustentabilidade.

Um dos dilemas para conseguir a adesão das pessoas aos comportamentos que contribuam com a economia de energia é que, conforme argumentam Lee e Yik (2004), na maioria das vezes, as medidas de economia de energia, sozinhas, não se pagam a ponto de justificar sua implantação do ponto de vista econômico. Isso torna o fator comportamento dependente de um *mix* de ações voluntárias e de comando e controle.

Um exemplo de ação de comando e controle foram as medidas de racionamento do uso de energia no início dos anos 2000 no Brasil, quando foram impostas reduções de consumo em razão da escassez de chuvas na época. É interessante notar que muitas medidas tecnológicas foram implantadas à época por causa do racionamento e foram mantidas depois, como o uso de lâmpadas fluorescentes. A ação de comando e controle serviu, nesse caso, para quebrar uma resistência comportamental.

De qualquer modo, é importante notar que o uso da tecnologia e o comportamento estão intrinsecamente ligados, uma vez que sem os componentes técnicos adequados, tais como regulagem apropriada de ar condicionado ou a divisão de circuitos de iluminação em circuitos menores para propiciar ligar-desligar de ambientes específicos, mesmo que as pessoas estejam dispostas a um comportamento mais favorável em relação à economia de energia, o comportamento pode não se realizar.

INTERAÇÃO COM A CIDADE, INCLUINDO GERAÇÃO DESCENTRALIZADA E *SMART GRID*

A partir da data que entrou em vigor, a Resolução Normativa Aneel n. 482/2012, de 17 de abril de 2012, o consumidor brasileiro pode gerar sua própria energia elétrica a partir de fontes renováveis ou cogeração qualificada e inclusive fornecer o excedente para a rede de distribuição de sua localidade. Trata-se da micro e da minigeração distribuídas de energia elétrica, inovações que podem aliar economia financeira, consciência socioambiental e sustentabilidade.

O incentivo à geração distribuída se justifica pelos potenciais benefícios que tal modalidade pode proporcionar ao sistema elétrico. Entre eles estão o adiamento de investimentos em expansão dos sistemas de transmissão e distribuição, o baixo impacto ambiental, a redução no carregamento das redes, a minimização das perdas e a diversificação da matriz energética.

Neste sentido, a Aneel publicou a Resolução Normativa n. 687/2015 revisando a Resolução Normativa n. 482/2012, com o objetivo de reduzir os custos e o tempo para a conexão da micro e da minigeração, compatibilizar o Sistema de Compensação de Energia Elétrica com as Condições Gerais de Fornecimento (Resolução Normativa n. 414/2010), aumentar o público-alvo e melhorar as informações na fatura.

Segundo as diretrizes, que começaram a valer em 1º de março de 2016, é permitido o uso de qualquer fonte renovável, além da cogeração qualificada, denominando-se microgeração distribuída a central geradora com potência instalada até 75 quilowatts (KW) e minigeração distribuída aquela com potência acima de 75 kW e menor ou igual a 5 MW (sendo 3 MW para a fonte hídrica), conectadas na rede de distribuição por meio de instalações de unidades consumidoras (Brasil, 2016a).

De acordo com as informações da Agência Nacional de Energia Elétrica (Aneel), a média de perdas elétricas no Brasil é de 16%. Há um grande espaço para avanço nessa área. A redução dessas perdas pode significar a postergação de investimentos em geração e o aumento dos investimentos em infraestrutura, melhorando a qualidade do fornecimento (Brasil, 2016a).

O termo *smart grid* foi usado pela primeira vez em um artigo escrito por Amin e Wollenberg (2015). Existem várias definições para o conceito de redes inteligentes, mas todas convergem para o uso de elementos digitais e de comunicações nas redes que transportam a energia. Esses elementos possibilitam o envio de uma gama de dados e informação para os centros de controle, onde eles são tratados, auxiliando na operação e no controle do sistema como um todo.

A implantação de redes inteligentes tem avançado em outras partes do mundo. Muitos países têm se dedicado a estudos sobre essa tecnologia com investimento de volumosos recursos, e alguns já iniciaram a instalação dessas redes, com destaque para Itália, Estados Unidos, Japão e alguns outros países europeus.

Sob a perspectiva da geração, da distribuição e do consumo de energia elétrica, *smart grids* são ferramentas revolucionárias ao fazerem uso da tecnologia de informação no sistema elétrico para ampliar a geração distribuída em diversos países do mundo. Nesse sentido, o conceito de *smart grids* se apresenta como uma tecnologia que permite o uso eficiente da energia elétrica. Essa tecnologia apresenta três principais benefícios (FGV, 2014):

- Redução do consumo de energia por parte da empresa concessionária para fornecer um serviço com qualidade igual ou melhor.
- Redução de falhas no sistema de fornecimento.
- Integração de ponta a ponta, do gerador ao consumidor.

Entre as novidades que envolvem os *smart grids*, destaca-se a mudança no papel do consumidor que assume o controle de seu consumo por meio do medidor inteligente. A partir do estabelecimento no Brasil do Sistema de Compensação de Energia (Resolução Normativa n. 482 da Aneel), em 2012, a tecnologia pode ser usada também para microgeração (a geração de calor ou energia de baixo teor de carbono), permitindo que o excedente da produção nas residências e empresas seja integrado à rede e contabilizado. Essa descentralização da produção fomenta a expansão das fontes renováveis, especialmente de energia solar fotovoltaica, e reduz perdas técnicas na transmissão ao aproximar a geração dos centros de consumo. A previsão é que, até 2030, o Brasil será o 6º país do mundo em investimento nessa tecnologia, com a instalação de mais de 63 milhões de medidores inteligentes (Innovation Observatory, 2012).

Com a publicação da Portaria n. 440, de 15 de abril de 2010, foi criado o Grupo de Trabalho para estudo do conceito de redes elétricas inteligentes, também conhecidas como *smart grids*, com o objetivo de analisar e identificar ações necessárias para subsidiar o estabelecimento de políticas públicas para a implantação do Programa Brasileiro de Rede Elétrica Inteligente – *Smart Grid*.

INOVAÇÃO TECNOLÓGICA PARA ECONOMIA DE ENERGIA

No âmbito do desenvolvimento sustentável, reconhece-se que uma das estratégias essenciais para redução do consumo de energia é a inovação tecnológica. Nesse sentido, há de se tratar o tema em duas vertentes importantes: por um lado há de se desenvolver tecnologias para a redução do consumo. O Quadro 5.3 resume alguns dos temas mais frequentes.

Quadro 5.3 Temas em inovação tecnológica para eficiência no consumo de energia

Tema	Ideias e tendências
Iluminação	▪ Projetos que utilizam iluminação natural: janelas, telhas translúcidas, luz natural encanada. ▪ Novos tipos de lâmpadas. ▪ Automação dos sistemas de acendimento com uso de sensores de presença e temporizadores.
Ar-condicionado e ventilação	▪ Projetos que minimizam a necessidade de ventilação mecânica. ▪ Projetos que minimizam o efeito da insolação natural e diminuem a necessidade de ar-condicionado. ▪ Aparelhos de ar-condicionado mais eficientes. ▪ Automação de sistemas de controle de temperatura.
Construção passiva	▪ Materiais com comportamento térmico favorável. ▪ Materiais que permitem controle de iluminação e carga solar.

(continua)

Quadro 5.3 Temas em inovação tecnológica para eficiência no consumo de energia *(continuação)*

Tema	Ideias e tendências
Motores e equipamentos	▪ Motores de alta eficiência. ▪ Aparatos elétricos com baixo consumo.
Automação	▪ Sensores de presença. ▪ Temporizadores. ▪ Sistemas de controle sem fio.
Internet	▪ Comando de equipamentos via internet.

O condicionamento de ar em edifícios é um tema que tem merecido atenção, tanto do ponto de vista do projeto de edifícios passivos, como do ponto de vista de equipamentos de condicionamento de ar mais eficientes. O uso de energia solar para condicionamento de ar, tanto usando geração fotovoltaica quanto usando o calor para movimentação do fluido de refrigeração, tem sido estudado e tem sido apontado como método promissor.

A iluminação é outro aspecto dominante do tema consumo de energia em cidades. Por um lado, projetos de construções que aproveitem a iluminação natural tem sido destacados. Isso inclui orientação do edifício, tamanho das janelas, uso de telhas translúcidas e, mais recentemente, uso de sistemas de encanamento para condução de iluminação natural para o interior dos edifícios. Do ponto de vista de edifícios novos, isso está se tornando uma discussão obrigatória na fase de projeto. Por outro lado, há de se lidar com os edifícios existentes, e aí as dificuldades aumentam, mas não impedem necessariamente a implantação de novidades tecnológicas. Em um exemplo bastante interessante, Al-Maiyah e Elkadi (2007) concluíram que o uso de novos materiais nas fachadas de regiões históricas do Cairo poderia melhorar o aproveitamento da luz natural nos edifícios densamente construídos em vielas estreitas, permitindo a reabilitação dessas áreas com economia de energia e sem perda da identidade arquitetônica e visual.

No caso da iluminação pública, tem havido várias iniciativas para substituição de lâmpadas por modelos mais eficientes.

CONSIDERAÇÕES FINAIS: DESAFIOS NO ÂMBITO DAS CIDADES INTELIGENTES

O crescimento populacional acarreta desafios para governos, empresas e academia. Neste contexto, entende-se que os grandes desafios a serem vencidos nos próximos anos envolvem: novas formas de geração de energia, preservação de recursos naturais, transportes eficientes, educação e saúde, segurança e alimentação.

De acordo com Kanter e Litow (2009), as cidades inteligentes são aquelas capazes de conectar de forma inovativa as infraestruturas físicas e de Tecnologia de Informação e Comunicação (TIC), de forma eficiente e eficaz, convergindo os aspectos organizacionais, normativos, sociais e tecnológicos a fim de melhorar as condições de sustentabilidade e de qualidade de vida da população.

Caragliu, Del Bo e Nijkamp (2011), indica que uma Cidade Inteligente é o investimento em capital humano-social e incentiva a utilização de tecnologias avançadas de TIC como viabilizador para um crescimento econômico sustentável e uma melhora na qualidade de vida, uma boa gestão de recursos naturais e energéticos, com participação atuante do governo e do estado.

As cidades inteligentes utilizam a tecnologia para serem mais eficientes e sustentáveis, além de contribuírem com a qualidade de vida da população urbana. O grande desafio é o planejamento para manter uma infraestrutura capaz de alinhar crescimento econômico, inclusão social e preservação do meio ambiente, de forma que atenda às necessidades presentes e esteja em sintonia com a expansão dos municípios para as gerações futuras.

Segundo Leite (2012), pode-se considerar a cidade inteligente como o lugar no qual as funções básicas da cidade – estabelecer trocas econômicas, sociais e culturais e gerar liberdade de vida e locomoção – são otimizadas por novas formas de tecnologia da informação e comunicação. Neste sentido, pode-se pensar na cidade física como o *hardware*, e todos os sistemas que a permitem funcionar, como redes sociais, bases econômicas e infraestrutura cultural e institucional, como o *software*.

No conceito de cidades inteligentes, a produção, a distribuição e o consumo de eletricidade nas são repensados a partir de soluções que promovem descentralização, monitoramento e eficiência, e demandam novos modelos de planejamento e gestão do sistema elétrico. Aplicam-se tanto à redução de perdas e consumo como à promoção das fontes alternativas renováveis e melhoria no serviço, ao oferecerem informação para ação preventiva a problemas no fornecimento.

O relatório Smart 2020 (2008) prevê que a eficiência energética, promovida por ferramentas de TIC, resultará em economia de cerca de US$ 946,5 bilhões no mundo em 2020. Potencial para isso se encontra na revisão de processos industriais e planejamento e utilização de edifícios, com ganhos econômicos e ambientais diretos: o custo médio do megawatt conservado por projetos de eficiência energética na indústria vem sendo inferior ao custo marginal de expansão previsto no Plano Decenal de Energia (FGV, 2014), e a redução da pressão sobre a oferta de eletricidade evita a expansão da matriz, o que se torna menos carbono eficiente nos últimos anos, postergando grandes investimentos em infraestrutura de geração de eletricidade e em exploração de combustíveis fósseis.

REFERÊNCIAS

ACSERALD, H. Discursos de Sustentabilidade Urbana. *Revista Brasileira de Estudos Urbanos e Regionais*. Associação Nacional de Pós-Graduação e Pesquisa em Planejamento Urbano e Regional – ANPUR. n.1, 1999.

______. Sentidos da Sustentabilidade Urbana. In. *A Duração das Cidades: sustentabilidade e risco nas políticas urbanas*. Rio de Janeiro: DP&A, 2001, p. 27-55.

AGUDELO-VERA, C.M. et al. Harvesting urban resources towards more resilient cities. *Resources, conservation and recycling*, v. 64, p. 3-12, 2012.

AL-MAIYAH, S.; ELKADI, H. The role of daylight in preserving identities in heritage context. *Renewable and sustainable energy reviews*, v. 11, n. 7, p. 1544-1557, 2007.

AMIN, M.; WOLLENBERG, B.F. Toward a smart grid. *IEEE P&E Magazine*, v. 3, n. 5, p. 34-41, set. 2015.

BRASIL. *Agência Nacional de Energia Elétrica*. Disponível em: http://www.aneel.gov.br/. Acesso em: maio 2016.

______. *Ministério de Minas e Energia*. Disponível em: http://www.mme.gov.br/. Acesso em: maio 2016.

CARAGLIU, A; DEL BO, C.; NIJKAMP, P. Smart cities in Europe. *Journal of Urban Technology*, 2011.

[EPE] EMPRESA DE PESQUISA ENERGÉTICA. *Balanço Energético Nacional 2015, ano-base 2014*. 2015. Disponível em: https://ben.epe.gov.br/downloads/Relatorio_Final_BEN_2015.pdf. Acesso em: 29 maio 2016.

[FGV] FUNDAÇÃO GETÚLIO VARGAS. Cidades inteligentes e mobilidade urbana. *Cadernos FGV Projetos*. Ano 9, n. 24, jun./jul. 2014.

INNOVATION OBSERVATORY. *Relatório Smart Grid Technology Investment: Forecasts for 2012--2030*. 2012. Disponível em: http://www.innovationobservatory.com/content/smart-grid-technology-investment-forecasts. Acesso em: maio 2016.

KANTER, R.M.; LITOW, S.S. Informed and interconnected: A manifesto for smarter cities. Harvard Business School General Management Unit Working Paper, 09-141. 2009. Disponível em: http://ssrn.com/abstract=1420236 ou http://dx.doi.org/10.2139/ssrn.1420236. Acesso em: 24 maio 2016.

LEE, W.L., YIK, F.W.H. Regulatory and voluntary approaches for enhancing building energy efficiency. *Progress in Energy and Combustion Science*, v. 30, n.5, p. 477–99, 2004.

LEITE, C. *Cidades sustentáveis, cidades inteligentes; desenvolvimento sustentável num planeta urbano*. Porto Alegre: Bookman, 2012.

PARTI, M.; PARTI, C. The total and appliance-specific conditional demand for electricity in the household sector. *The Bell Journal of Economics*, 1980, p. 309-321.

SAMPAIO, D.T. *Sustentabilidade urbana: conceitos e controvérsias*. V Encontro Nacional e II Encontro Latino-Americano de sobre Edificações e Comunidades Sustentáveis. 2009.

SMART 2010: enabling the loco carbon economy in the information age. The Climate Group, Global Sustainability Initiative, 2008.

SOUZA, H.M. et al. Reflexões sobre os principais programas em eficiência energética existentes no Brasil. *Revista Brasileira de Energia*, v. 15, n. 1, 2009, p. 7-26.

THEODORIDOU, I.; PAPADOPOULOS, A.M.; HEGGER, M. A feasibility evaluation tool for sustainable cities – A case study for Greece. *Energy Policy*, v. 44, 2012, p. 207-216.

[UNEP] UNITED NATIONS ENVIRONMENTAL PROGRAM. *Towards a green economy: Pathways to sustainable development and poverty eradication*. 2011. Disponível em: http://www.unep.org/greeneconomy. Acesso em: 25 fev. 2012.

PARTE IV

Construções Sustentáveis

6

Sustentabilidade nas construções: a necessidade de discussão deste novo paradigma

Tatiana Tucunduva Philippi Cortese
João Alexandre Paschoalin Filho
Ana Cristina de Faria
Andreza Portella Ribeiro

INTRODUÇÃO

O ritmo imposto pelo crescimento econômico mundial vem, cada vez mais, causando pressões significativas sobre o meio ambiente em função de fatores como: demanda intensa por matérias-primas naturais; ocupação de áreas verdes decorrente do aumento da população; poluição do solo, ar e água; geração de resíduos etc. Segundo Paschoalin Filho, Silveira e Luz (2014), a geração de resíduos sólidos urbanos (RSU), sua coleta e destinação final consistem em grandes preocupações nas atribuições dos órgãos responsáveis pela limpeza pública nos municípios brasileiros.

De acordo com estudos da Associação Brasileira de Empresas de Limpeza Pública e Resíduos Especiais (Abrelpe, 2013), a geração total de RSU no Brasil no ano de 2013 foi de 76.387.200 toneladas, o que representou um crescimento de 4,1% em relação ao ano de 2012. De acordo com a Abrelpe (2013), este índice foi superior à taxa de crescimento da população brasileira no mesmo período do estudo, ou seja, 3,7%.

De forma geral, Silva e Fernandes (2012) apontam que 50 a 60% dos RSU produzidos todos os dias nos centros urbanos brasileiros têm origem na cadeia da construção civil. De acordo com Arif, Bendi e Toma-Sabbagh (2012), estima-se que cerca de 40% dos resíduos sólidos produzidos globalmente estejam relacionados às atividades construtivas. Na União Europeia, esta porcentagem, conforme Barros e Jorge (2008), é de aproximadamente 22%. Kloek e Blumenthal (2009) comentam que no ano de 2006, na União Europeia, a indústria tradicional e a construção civil destacaram-se entre os setores econômicos que mais geraram resíduos, ou seja, aproximadamente 83% de todo o volume produzido. Morais (2006) cita que, para o Brasil, a relação é de uma tonelada de lixo urbano para cada duas toneladas de resíduos de construção civil.

Além dos impactos, tanto sobre o meio ambiente urbano como o natural, gerados pelos Resíduos de Construção Civil (RCC) destaca-se, também o extrativismo de recursos naturais, renováveis e não renováveis praticado pelo setor. De acordo com Pinheiro (2006), a necessidade de extração de matérias-primas naturais, aliada à voracidade da indústria mineradora, pode causar nas regiões exploradas alterações nos sistemas ambientais, que se estendem desde a remoção da cobertura de solo, abrangendo a alteração dos aspectos ecológicos locais, a intensificação de processos erosivos e, até mesmo, um significativo impacto paisagístico. Segundo Dias (2004), 50% dos recursos naturais extraídos diariamente no mundo são destinados a suprir as necessidades da cadeia da construção.

Para Pinheiro (2006), as atividades de construção, incluindo o processamento, os transportes efetuados e a produção de materiais de construção (como o cimento, por exemplo) podem gerar, além de resíduos, emissões de poluentes atmosféricos, sendo alguns de elevada periculosidade. Segundo o autor, estes poluentes contribuem para a piora da qualidade do ar, causando implicações ambientais importantes. O autor também comenta que as atividades de construção geralmente estão associadas a equipamentos de elevada potência sonora, tal como tratores, britadores, martelos pneumáticos, picões etc.; o que conduz, também, a um problema de poluição sonora decorrente da utilização destes.

John e Agopyan (2000) relatam que os impactos ambientais causados pelas obras civis, na maioria das vezes, são causados pelos seguintes fatores: baixo grau de precisão das obras, falta de planejamento adequado das atividades, precariedade das condições de trabalho, alta rotatividade de mão de obra etc.

Em relação à problemática dos resíduos sólidos produzidos pela construção civil, diversos pesquisadores vêm se dedicando a quantificar as quantidades geradas em diversas localidades, sendo estes números de grande relevância para possibilitar a escolha de ferramentas de gestão adequadas e a elaboração de políticas públicas.

Delongui et al. (2011) comentam que a geração *per capita* de RCC no Brasil encontra-se entre 230 e 760 kg/habitante/ano, com uma média de 510 kg/habitante/ano. Coronado et al. (2011) citam que, em alguns países da União Europeia, a geração *per capita* de RCC varia entre 320 e 590 kg/habitante/ano.

Além dos países europeus, Paschoalin Filho et al. (2015) apresentam os seguintes valores para outras localidades, de acordo com diversos pesquisadores: Austrália, 44.042 ton/dia (Tam, 2009); Japão, 2.404 ton/dia (Tam, 2009); e Estados Unidos, 458.833 ton/dia (Yuan et al., 2012). Coelho e Brito (2011) comentam que, para Portugal, há projeções de que, para o ano de 2020, o país atinja uma geração *per capita* de RCC de cerca de 400 kg/habitante/ano. Melo, Gonçalves e Martins (2011) citam que a geração *per capita* de RCC em Lisboa ficou em torno de 600 kg/habitante/ano; valor superior ao relatado para a cidade de São Paulo por autores como Schneider (2003) e Nunes (2004), que contabilizaram cerca de 490 a 499 kg/habitante/ano.

De acordo com Pinheiro (2006), o edifício construído pode gerar diferentes tipos de impactos durante as fases de sua vida: construção; operação e *retrofit* ou demolição. Na fase construtiva, verifica-se, de acordo com o autor, que os impactos mais significativos estão ligados à modificação dos ecossistemas locais, à emissão de poluentes, à poluição sonora, à alteração de paisagem e ao uso e ocupação do solo, bem como a resíduos gerados durante o processo construtivo.

Ao analisar a fase referente à operação do edifício, nota-se que os principais impactos são decorrentes de sua operação, tais como: consumo de água e energia e produção de resíduos sólidos, efluentes e emissões atmosféricas. Na fase referente ao *retrofit*, ou mesmo à demolição do edifício, os impactos mais relevantes geralmente se relacionam ao consumo de materiais, energia, emissões, poluição sonora, vibrações e resíduos gerados pelas obras.

SUSTENTABILIDADE NAS CONSTRUÇÕES: DEFINIÇÕES E ESTADO DA ARTE

A sustentabilidade tem tido destaque internacionalmente desde a década de 1990, e está relacionada à busca da conciliação entre o desenvolvimento econômico, a preservação ambiental e os aspectos sociais, existentes em qualquer sociedade. As três dimensões do desenvolvimento sustentável (econômica, social e ambiental) devem estar presentes no segmento que pretende atingir esse objetivo.

O segmento da construção civil, relevante na economia brasileira e mundial, é consumidor de recursos naturais e energéticos, além de gerador de significativo montante de resíduos. Em função disso, pode ser grande responsável pela transformação do meio ambiente, em função do impacto ambiental e social relevante de suas atividades de fabricação de materiais, projeto, construção, uso e operação de edificações.

A construção sustentável, conforme Bonilla et al. (2012), aborda o desenvolvimento sustentável no segmento da construção civil, que pode ser realizada se for direcionada por pessoas comprometidas com os princípios ambientais, sociais e econômicos.

De acordo com Pinheiro (2003), o termo "construção sustentável" foi reconhecido no evento Rio 92, como um alvo a ser atingido globalmente. Por sua vez, em novembro de 1994, foi realizada a Primeira Conferência Mundial sobre Construção Sustentável (*First World Conference for Sustainable Construction*), nos Estados Unidos, onde foi debatido o futuro da construção civil, em termos de sustentabilidade. A construção sustentável está relacionada "à aplicação da sustentabilidade às atividades construtivas, sendo definida como a criação e responsabilidade de gestão do ambiente construído, baseado nos princípios ecológicos e no uso eficiente de recursos".

A Construção Sustentável pode ser considerada a "gestão responsável por edificar um ambiente construído, levando em consideração os princípios básicos de proteção ao meio ambiente, e ecológicos evitando a degradação do solo e a utilização eficiente dos recursos" (Kibert, 1994, p. 117). Observa-se, nesta afirmação e na anterior, que o que é mais lembrado é a questão ambiental, e não a social e econômica, que também fazem parte da sustentabilidade.

Sob a ótica da Construção Sustentável, as circunstâncias ambientais das construções em zonas urbanas têm proporcionado melhor qualidade de vida aos usuários, envolvendo questões de conforto ambiental (e térmico), buscando causar menor impacto sobre a natureza com o tratamento de esgoto, o reaproveitamento de águas de chuva, locais específicos para armazenar resíduos e, suplantando as relações com a eficiência energética (Melo, 2012).

Em todo o ciclo de vida da construção, há fluxo de atividades considerando que os recursos consumidos na construção são: os materiais, o solo, a energia e a água, que interferem diretamente na natureza. Diante disso, Kibert (2003) estabeleceu os cinco princípios básicos da Construção Sustentável de edifícios:

1. Redução do consumo de recursos naturais que não sejam renováveis.
2. Possível reutilização de recursos.
3. Reciclagem de materiais quando o edifício está em fim de vida e uso de recursos recicláveis.
4. Proteção dos sistemas naturais na realização de todas as atividades.
5. Eliminação de materiais tóxicos e subprodutos, em todo o ciclo de vida, de acordo com a lógica de produção mais limpa (que será tratada em outro capítulo).

As construções sustentáveis, na visão de Motta (2009), utilizam-se de técnicas modernas e materiais adequados para atingir a qualidade, visando ao mínimo impacto sobre o ambiente. Essa prática está associada ao conceito de construção verde ou sustentável, denominada *green building*.

Sob a ótica da Construção Sustentável, é relevante a conservação das atividades humanas em um ambiente sustentável, de modo a assegurar o bem-estar presente e das futuras gerações (Motta, 2009). Segundo este autor, busca-se desenvolver um conjunto de técnicas, de Arquitetura ou Engenharia Civil, "capazes de diminuir o desperdício dos recursos naturais, nas atividades dos ambientes construídos em edificações". Podem ser citadas algumas delas (Guerrini, 1998; Kibert, 2003; Rovers, 2003; Edwards, 2010; Motta, 2009, Koranda et al., 2012; Botelho, 2013):

- O uso do solo e dos recursos naturais.
- O reaproveitamento de águas (pluviais e de reúso).
- O uso de materiais reciclados.
- A intensificação do uso da luz e da ventilação natural em ambientes internos.
- O controle na emissão de gases poluentes produzido pelos geradores.
- A aplicação do conceito de 3R (reduzir, reusar e reciclar), aplicado a novos projetos ou em restaurações.
- O tratamento de esgoto e dos resíduos sólidos gerados pelos moradores.

Por meio de pesquisas realizadas por Garé (2011), constatou-se que o conjunto de práticas preconizadas na construção sustentável, certificadas ou não, introduzem nova realidade no segmento da construção civil, caracterizadas pelo uso mais racional dos recursos naturais e, em especial, pelo tratamento dos resíduos sólidos gerados, motivando a transformar processos de gestão.

Conclui-se que a Construção Sustentável não é apenas mais um modelo para resolver problemas específicos, mas uma mudança na maneira de pensar a própria construção e tudo que está relacionado a ela. É uma abordagem sistêmica em busca de um novo paradigma: o de interferir no meio ambiente, preservando-o ou recuperando-o, levando em consideração também os aspectos econômicos e sociais.

POLÍTICAS PÚBLICAS E ASPECTOS NORMATIVOS DAS CONSTRUÇÕES SUSTENTÁVEIS

A sustentabilidade é um conceito que foi recentemente introduzido ao segmento da construção civil e ainda não é parte integrante do processo de decisão e das práticas de negócio. Conforme Du Plessis (apud Giulio, 2014), a sustentabilidade é algo "bom de se ter", complementando as práticas normais e não como motivador principal que impulsiona as decisões empresariais e de desenvolvimento do setor.

Por essa razão, existe a demanda por regulamentação específica para o segmento da construção civil. A normalização dos produtos e serviços é o fator orientador de toda uma cadeia produtiva. Existem diversas normas jurídicas relacionadas ao assunto no Brasil e no mundo.

No Brasil, várias edificações são construídas para garantir conforto térmico por ventilação natural. A arquitetura bioclimática surgiu com o objetivo de se adequar ao clima e ao contexto sociocultural locais, aproveitando-se da topografia e dos recursos naturais disponíveis na região; ela é centrada sobre o conforto ambiental do ser humano e sua repercussão no planeta (Corbella e Yannas, 2003). Porém, de acordo com Pereira, Lamberts e Ghisi (2013), o Brasil já é o quinto maior comprador mundial de condicionadores de ar, se forem considerados os aparelhos de janela e *splits*.

Para garantir a segurança energética e controlar a eficiência e o desempenho das tecnologias disponíveis, o Brasil criou mecanismos legais por meio da Lei Federal n. 10.295, de 17 de outubro de 2001, e seu Decreto Regulamentador n. 4.059, de 19 de dezembro de 2001, que dispõe sobre a Política Nacional de Conservação e Uso Racional de Energia. Em seu art. 2º, fica definido que o poder executivo estabelecerá níveis máximos de consumo específico de energia (Brasil, 2001).

Os maiores consumos de energia em residências são iluminação, cocção e aquecimento de água para banho, segundo o Balanço Energético Nacional (EPE, 2014). Porém, algumas alterações são perceptíveis com o aumento da participação de gás e sistemas solares para aquecimento da água e no aumento relevante do número de equipamentos de ar condicionado (EPE, 2016). O PNE 2050 – Plano Nacional de Energia 2050 – é um estudo de longo prazo para planejamento energético nacional que demonstra claramente um aumento importante de consumo no setor, mesmo com aumento da eficiência energética dos equipamentos, pois considera que entretenimento e climatização representarão parte importante do consumo nas residências.

A Portaria Interministerial MME/MCT/MDIC n. 364, de 24 de dezembro de 2007, foi formulada para regulamentar especificamente os índices mínimos de eficiência energética de condicionadores de ar (Brasil, 2007). A Agência Nacional de Energia Elétrica (Aneel) estabeleceu critérios para aplicação de recursos em programas de eficiência energética por meio da Resolução Normativa n. 300, de 12 de fevereiro de 2008 (Brasil, 2008). Existe ainda a norma técnica NBR 15575/2013, conhecida como "norma de desempenho", que impõe critérios mínimos de desempenho energético em novas residências.

Estes normativos já estão transformando o mercado da construção civil, apesar de ainda não serem tão exigentes. Por exemplo, o programa de habitação social Minha Casa Minha Vida passou a exigir, a partir de 2012, a instalação de sistemas de aquecimento solar para água em todas as casas unifamiliares (CBCS, 2014). Tal medida resulta em economia de energia nas regiões do país que, normalmente, aquecem a água para o banho.

Outro aspecto importante a se considerar nas edificações é o uso racional e a conservação da água. O primeiro pode ser definido como conjunto de ações que otimizam a operação do sistema predial, visando reduzir a quantidade de água necessária para atividades comuns. Já a conservação da água prioriza a demanda e a oferta interna de água, proveniente de fontes alternativas à água potável fornecida pelo sistema público (CBCS, 2014). Contudo, a utilização de água de reúso exige regulamentação, ainda inexistente no Brasil.

O estado do Rio de Janeiro promulgou a Lei n. 4.248, de 16 de dezembro de 2003, instituindo o Programa de Captação de Águas Pluviais para seu território. Algumas cidades brasileiras, como São Paulo e Curitiba, já formularam leis específicas. São Paulo estabeleceu que deverão ser executados reservatórios para acumulação das águas pluviais nos lotes edificados ou não que tenham área impermeabilizada, por meio da Lei Municipal n. 13.276, de 04 de janeiro de 2002. Curitiba, por sua vez, criou o Programa de Conservação e Uso Racional da Água nas Edificações, regido pela Lei Municipal n. 10.785, de 18 de setembro de 2003.

É possível verificar que existem diversas leis em âmbito estadual e municipal dispondo sobre medição individualizada da água, aproveitamento de água pluvial e programas de conscientização; mas as normas somente serão eficazes se houver conscientização da população quanto à utilização da água. Os hábitos dos cidadãos devem ser mudados, e toda mudança de hábito requer educação. Conforme Pelicioni (2014), não existe educação apenas na teoria, o processo de ensino-aprendizagem na área ambiental implica, necessariamente, exercício de cidadania proativa.

Dentre os impactos causados, ainda pelas edificações, é importante destacar a questão dos Resíduos da Construção Civil (RCC). O Brasil tem um importante marco legal que foi publicado no Diário Oficial da União em 03 de agosto de 2010. É a Lei Federal n. 12.305, que instituiu a Política Nacional de Resíduos Sólidos (PNRS).

Essa lei incorporou conceitos modernos de gestão de resíduos sólidos e estabeleceu que deverá ser observada uma ordem de prioridade na gestão e no gerenciamento de resíduos sólidos, conforme segue: não geração, redução, reutilização, reciclagem, tratamento dos resíduos sólidos e disposição final ambientalmente adequada dos rejeitos (Brasil, 2010).

Em seu art. 13, define-se o conceito dos RCC: "os gerados nas construções, reformas, reparos e demolições de obras de construção civil, incluindo os resultantes da preparação e escavação de terrenos para obras civis". E em seu art. 20 fica disposto que toda empresa de construção civil está sujeita à elaboração de um plano de gerenciamento dos resíduos, bem como será responsável pela implementação e operacionalização integral do referido plano (Brasil, 2010). As maiores inovações dessa lei são:

- A responsabilidade compartilhada pelo ciclo de vida dos produtos entre fabricantes, importadores, distribuidores, comerciantes e consumidores.
- A criação da logística reversa como instrumento de desenvolvimento econômico e social.

Portanto, todo profissional envolvido na cadeia da Construção Civil deve estar atento às exigências e contribuir para a prevenção e redução na geração de resíduos, incorporando práticas de consumo sustentável e reutilizando todo resíduo que tenha valor econômico. Essas medidas irão, inclusive, minimizar o desperdício de materiais e os custos de qualquer obra.

A CONSTRUÇÃO CIVIL E AS MUDANÇAS CLIMÁTICAS

Nos últimos anos, as discussões em torno do aquecimento global elevaram o tema da sustentabilidade ao topo da prioridade das maiores empresas do mundo e ajudaram a despertar o interesse por métodos construtivos sustentáveis. Há uma série de processos e materiais que, combinados, podem gerar maior ou menor impacto ambiental. Segundo Cortese (2013), uma das dificuldades que envolvem o tema sustentabilidade é determinar, de forma clara, o quão sustentável é uma edificação.

A criação de construções sustentáveis está baseada em conceitos e princípios que buscam a racionalização da gestão dos recursos naturais, em especial a análise da totalidade do ciclo de vida dos materiais, o desenvolvimento de matérias-primas e energias renováveis e a economia de materiais utilizados. Em seguida, tem-se a acomodação do projeto ao terreno, procurando, tanto quanto possível, facilitar os escoamentos e a drenagem. A realidade climática local, as construções vizinhas e sua influência no projeto, os quadrantes de maior radiação, a amplitude térmica local, a média da umidade relativa do ar e a direção e a velocidade dos ventos predominantes devem ser consideradas condicionantes (Szabo, 2005).

Além disso, o fato de o setor da construção civil mundial responder por 25% das emissões de CO_2, segundo estimativas do Painel Intergovernamental das Mudanças Climáticas (IPCC), evidencia a importância da sustentabilidade tornar-se, gradualmente, prioridade, tanto em relação ao aumento da eficiência energética em edifícios como em relação à contribuição dos materiais de construção (John e Agopyan, 2012).

Todavia, é importante ressaltar que o consumo *per capita* de energia nos edifícios do Brasil é ainda pequeno e possui matriz elétrica, em geral, limpa, o que corrobora a ideia de que a política de mitigação de Gases de Efeito Estufa (GEE) na construção não deve se concentrar apenas na substituição de chuveiros elétricos por aquecedores solares e no aumento da eficiência energética. É fundamental adotar essas medidas por razões econômicas, sociais e ambientais; porém será necessário focar as estratégias de mitigação na produção e no transporte dos materiais de construção e, nesse cenário, as obras de infraestrutura – pontes, barragens, viadutos e rodovias – passam a se tornar prioritárias (John e Agopyan, 2012).

Ainda assim, é necessário pensar no que os recursos ambientais podem contribuir para se fazer um edifício sustentável, como aproveitar a amplitude térmica durante o dia, as temperaturas durante a noite e a iluminação natural (Romero e Bruna, 2010), obedecendo critérios de qualidade e eficiência de materiais.

A aplicação desses conceitos construtivos que garantem a sustentabilidade de um empreendimento passa, necessariamente, por uma análise da sua viabilidade econômica e estudo que visa dar suporte à tomada de decisão, para se adaptar às políticas do clima.

Os edifícios verdes, ou *green buildings*, podem ser definidos como aqueles que buscam um balanço entre fatores econômicos e compromissos com o ambiente e a sociedade. Devem promover uma relação atrativa entre custo, valor e risco para os empreendedores. As principais características destas edificações são: fontes alternativas de energia; menor emissão de poluentes; uso de materiais recicláveis; maximização da iluminação natural; preservação de áreas verdes ou nativas; e boa qualidade do ar interno (Ceag, 2007).

Os primeiros prédios verdes foram construídos na Holanda, na Alemanha e nos países nórdicos. A sede do Parlamento alemão – *Berlin Reichstag Building*[1] –, por exemplo, tem um gerador que não só produz a própria energia com base em combustíveis renováveis, como envia o excedente para constru-

[1] A sede do parlamento alemão chega a produzir 82% da energia elétrica utilizada. O trabalho apresentado no *Proceedings World Geothermal Congress*, em 2000, por Frank Kabus e Peter Seibt, pode ser obtido no site http://www.geothermie.de/egec-geothernet/ci_prof/europe/germany/0493.PDF.

ções vizinhas (Gonçalves e Duarte, 2006). Só mais tarde essas construções ambientalmente corretas apareceram nos Estados Unidos e na Ásia.

Como os *green buildings* são construções que empregam alta tecnologia para reduzir os impactos negativos causados pela construção no meio ambiente, oferecendo também melhor qualidade de vida a seus ocupantes e benefícios financeiros a seus empreendedores, não é de se surpreender que este conceito de edificações constitua-se como o novo paradigma do setor da construção civil. Estas construções são submetidas a protocolos internacionais de certificação que atestam seu desempenho, sendo um deles o Leadership in Energy and Environmental Design (Leed), aplicado pela United States Green Building Council (USGBC).

O Green Building Council Brasil desenvolve a adaptação do sistema de certificação LEED para a realidade brasileira. Construções verdes bem projetadas gastam menos em serviços básicos. Em São Paulo, por exemplo, a partir da promulgação da Lei Municipal n. 14.933, de 05 de junho de 2009, todas as edificações novas a serem construídas no município deverão obedecer aos critérios de eficiência energética, sustentabilidade, qualidade e eficiência de materiais, conforme forem definidos em regulamentos específicos. E as construções já existentes deverão atender aos referidos critérios quando submetidas a projetos de reforma e ampliação.

CONSIDERAÇÕES FINAIS

De uma forma geral, verifica-se que a Construção Civil consiste em um importante setor econômico, necessário ao desenvolvimento do país. Contudo, esse setor também é responsável por significativos impactos ambientais que se estendem por toda sua cadeia produtiva, ou seja, desde a extração das matérias-primas naturais, necessárias à fabricação de insumos e materiais de construção, até a utilização do edifício e, posteriormente, seu *retrofit* (ou demolição).

Dessa forma, é necessário que o meio técnico e empreendedores da construção civil busquem novas formas de produção, de maneira a reduzir a pressão causada pelo setor ao meio ambiente. Dentre essas, pode-se destacar: inovações tecnológicas, melhoria de processos de fabricação de materiais de construção, otimização de processos executivos e adoção de uma preocupação ambiental holística nas fases de concepção, projeto e na incorporação de edifícios.

Sustentabilidade não é apenas responsabilidade dos governos e da indústria da construção civil. Os cidadãos devem se envolver e se conscientizar sobre os impactos do seu comportamento e o uso indevido dos recursos naturais. A participação individual de cada um é fundamental para alcançar as decisões necessárias que garantirão mudanças nos padrões de consumo da maioria da população. É importante desenvolver campanhas que, por um lado, informem o público sobre os benefícios e oportunidades do uso de materiais ecológicos de construção e produtos e, por outro, incentivem uma mudança nos hábitos de consumo para uma utilização mais sustentável dos recursos.

REFERÊNCIAS

[ABRELPE] ASSOCIAÇÃO BRASILEIRA DE EMPRESAS DE LIMPEZA PÚBLICA E RESÍDUOS ESPECIAIS. *Panorama dos resíduos sólidos no Brasil.* São Paulo, 2013. Disponível em: http://www.abrelpe.org.br/panorama_envio.cfm?ano=2013. Acesso em: 11 maio 2016.

ARIF, M.; BENDI, B.; TOMA-SABBAGH, T. Construction waste management in India: an exploratory study. *Construction Innovation*, v. 12, n. 2, p. 133-155, 2012.

BARROS, E.; JORGE, F.C. Gestão de RCD – Resíduos de construção e demolição na obra de ampliação do aeroporto Francisco Sá Carneiro. *Revista da Faculdade de Ciência e Tecnologia*, n. 5, p. 62-74, 2008.

BONILLA, S.H. et al. *Key elements, stages and tools for a sustainable world: An introduction to this. Journal of Cleaner Production.* Special Volume; PII: S0959-6526 (12) 00657-9; DOI: 10.1016/j.jclepro.2012.12.011; Reference: JCLP 3222, 2012.

BOTELHO, W.C. *Sustentabilidade de empreendimentos habitacionais populares: desenvolvimento de uma ferramenta de análise.* São Paulo, 2013. 228f. Tese (Doutorado em Engenharia de Produção) – UNIP.

BRASIL. *Lei n. 10.295, de 17 de outubro de 2001.* Dispõe sobre a Política Nacional de Conservação e Uso Racional de Energia. Diário Oficial da União, Brasília, 18 out. 2001.

______. *Portaria Interministerial MME/MCT/MDIC n. 364, de 24 de dezembro de 2007.* Aprova a regulamentação específica de condicionares de ar. Diário Oficial da União, Brasília, 26 dez. 2007.

______. *Resolução Normativa n. 300, de 12 de fevereiro de 2008.* Estabelece critérios para aplicação de recursos em Programas de Eficiência Energética. Diário Oficial da União, Brasília, 22 fev. 2008.

______. *Instrução Normativa n. 1, de 19 de janeiro de 2010.* Dispõe sobre critérios de sustentabilidade ambiental na aquisição de bens, contratação de serviços ou obras pela Administração Pública Federal, autárquica e fundacional. Diário Oficial da União, Brasília, 20 jan. 2010.

______. *Lei n. 12.305, de 02 de agosto de 2010.* Institui a Política Nacional de Resíduos Sólidos. Diário Oficial da União, Brasília, 03 ago. 2010.

COELHO, A.; BRITO, J.D. Generation of construction and demolition waste in Portugal. *Waste Management & Research*, v. 29, n. 7, p. 739-750, 2011.

[CEAG] COMISSÃO DE ESTUDOS SOBRE AQUECIMENTO GLOBAL. *Relatório Final da Comissão Especial de Estudos sobre Aquecimento Global da Câmara Municipal de São Paulo.* São Paulo, 2007.

[CBCS] CONSELHO BRASILEIRO DE CONSTRUÇÃO SUSTENTÁVEL. *Aspectos da Construção Sustentável no Brasil e Promoção de Políticas Públicas.* 2014. Disponível em: http://www.cbcs.org.br/website/aspectos-construcao-sustentavel/show.asp?ppgCode=31E2524C-905E-4FC0-B784-118693813AC4. Acesso em: 13 maio 2016.

CORONADO, M. et al. Estimation of construction and demolition waste (C&DW) generation and multicriteria analysis of C&DW management alternatives: a case study in Spain. *Waste Biomass*, v. 2, n. 2, p. 209-225, 2011.

CORTESE, T.T.P. *Mudanças climáticas na cidade de São Paulo: avaliação da política pública municipal.* São Paulo, 2013. 151p. Tese (Doutorado em Ciências) – Faculdade de Saúde Pública, Universidade de São Paulo.

DELONGUI, L. et al. Panorama dos resíduos da construção civil do Rio Grande do Sul. *Revista Téorica* e Prática na Engenharia Civil, n. 18, p. 71-80, 2011.

DIAS, J.A. Construção civil e o meio ambiente. In: *Congresso Estadual de Profissionais CREA/MG.* Uberlândia, Minas Gerais: CREA/MG, 2004.

Di GIULIO, G.M. et al. Propostas metodológicas em pesquisas sobre risco e adaptação: experiências no Brasil e na Austrália. *Ambiente & Sociedade*, v. XVII, n. 4, p. 35-54, out.-dez. 2014.

EDWARDS, B. *Rough guide to sustainability: a design primer.* London: RIBA, 2010.

[EPE] EMPRESA DE PESQUISA ENERGÉTICA. *Balanço Energético Nacional 2014, ano-base 2013.* Rio de Janeiro: EPE, 2014.

______. *Demanda de energia 2050.* Série Estudos da Demanda de Energia – Nota Técnica DEA 13/15. Rio de Janeiro: EPE, 2016.

GARÉ, J.C. *Contribuições da Construção Civil brasileira para o desenvolvimento sustentável.* São Caetano do Sul, 2011. Dissertação (Mestrado em Administração) – Universidade Municipal de São Caetano do Sul.

GONÇALVES J.C.S.; DUARTE D.H.S. Arquitetura sustentável: integração entre ambiente, projeto e tecnologia em experiências de pesquisa, prática e ensino. *Ambiente Construído*, Porto Alegre, v. 6, n. 4, p. 51-81, out./dez. 2006.

GUERRINI, F.M. *Um modelo integrado de administração de produção para empresas de Construção Civil.* São Paulo, 1998. Tese (Doutorado em Engenharia Civil) – Escola de Engenharia de São Carlos, Universidade de São Paulo.

JOHN, V.M.; AGOPYAN, V. Reciclagem de resíduos da construção civil. In: *Seminário – Reciclagem de resíduos sólidos domiciliares.* São Paulo: Secretaria de Estado do Meio Ambiente, 2000, 13p.

_____. Construção sustentável: mitos, desafios e oportunidades. In: ALMEIDA, F. *Desenvolvimento sustentável, 2012-2050: visão, rumos e contradições.* Rio de Janeiro: Elsevier, 2012.

KIBERT, C.J. Establishing principles and a model for sustainable construction. proceedings. In: *First International Conference on Sustainable Construction*, Tampa, Florida, 1994.

______. Policy instruments for a sustainable built environment. *Land Use & Environmental*, v. 17, n. 2, p. 379-394, 2003.

KLOEK, W.; BLUMENTHAL, K. Generation and treatment of waste. *Environmental and Energy, Statistic in focus*, n. 30, 2009.

KORANDA, C. et al. An investigation of the applicability of sustainability and lean concepts to small construction projects. *Journal of Civil Engineering*, v. 16, n. 5, p. 699-707, 2012.

MELO, A.; GONÇALVES, A.; MARTINS, I. Construction and demolition waste generation and management in Lisbon (Portugal). *Resources, Conservation and Recycling*, n. 55, p. 1252-1264, 2011.

MELO, J.J.S. Edificações sustentáveis: um estudo sobre a integração entre ambiente, projeto e tecnologia. *Revista On-line. Especialize IPOG*, maio 2012.

MORAIS, G.M.D. *Diagnóstico da deposição clandestina de resíduos de construção e demolição em bairros periféricos de Uberlândia: subsídios para uma gestão sustentável.* Uberlândia, 2006. 220p. Dissertação (Mestrado). Faculdade de Engenharia Civil, Universidade Federal de Uberlândia.

MOTTA, S.R.F. *Sustentabilidade na Construção Civil: crítica, síntese, modelo de política e gestão de empreendimentos.* Minas Gerais, 2009. 122 f. Dissertação (Mestrado em Engenharia Civil) – Universidade Federal de Minas Gerais.

NUNES, K.R.R. *Avaliação de investimentos e desempenho de centrais de reciclagem de resíduos para construção civil e demolição: estudo de caso para o município do Rio de Janeiro*. Rio de Janeiro, 2004. 276p. Tese (Doutorado) – Faculdade de Engenharia de Produção, Universidade Federal do Rio de Janeiro.

PASCHOALIN FILHO, J.A. et al. Gerenciamento dos resíduos de construção nas obras de um edifício comercial na cidade de São Paulo. *Revista Engenharia e Tecnologia*, v. 7, n. 4, p. 91-107, 2015.

PASCHOALIN FILHO, J.A.; SILVEIRA, F.F.; LUZ, E.G. Comparação entre as massas de resíduos sólidos urbanos coletados na cidade de São Paulo por meio de coleta seletiva e domiciliar. *Revista de Gestão Ambiental e Sustentabilidade – GeAS*, v. 3, n. 3, p. 19-33, 2014.

PELICIONI, M.C.F. Fundamentos da Educação Ambiental. In: PHILIPPI JR., A.; ROMERO, M.A.; BRUNA, G.C. *Curso de Gestão Ambiental*. 2. ed. Barueri: Manole, 2014.

PEREIRA, C.D.; LAMBERTS, R.; GHISI, E. *Nota Técnica referente aos níveis mínimos de eficiência energética de condicionadores de ar no Brasil*. In: Centro Brasileiro de Eficiência Energética em Edificações (CB3E), Florianópolis, 2013.

PINHEIRO, M.D. *Ambiente e construção sustentável*. Zambujal, Portugal: Instituto do Ambiente, 2006. 243p.

______. Construção sustentável: mito ou realidade. In: *VII Congresso Nacional de Engenharia do Ambiente y Lisboa*, nov. 2003.

ROMERO, M.A.; BRUNA, G.C. *Metrópoles e o desafio urbano frente ao município*. (Série Sustentabilidade, v. 6). São Paulo: Ed. Blucher, 2010.

ROVERS, R. The role of policies in promoting sustainable practices. *UNEP Industry and Environment*, v. 26, n. 2-3, p. 29-32, 2003.

SCHNEIDER, D.M. *Deposições irregulares de resíduos da construção civil na cidade de São Paulo*. Porto, 2003. 82p. Dissertação (Mestrado) – Faculdade de Engenharia, Universidade do Porto.

SILVA, V.A.; FERNANDES, A.L. Cenário do gerenciamento dos resíduos da construção e demolição (RCD) em Uberaba/MG. *Revista Sociedade & Natureza*, v. 24, n. 2, p. 333-344, 2012.

SZABO L. *A arquitetura no caminho da sustentabilidade*. São Paulo, 2005. Disponível em: http://www.avaad.ufsc.br/moodle/file.php/32/hiperlivro_conceitos/textos_extras/A_arquitetura_no_caminho_da_sustentabilidade_-_Ladislao_Szabo.pdf. Acesso em: 15 jan. 2015.

TAM, V.W.Y. Comparing the implementation of concrete recycling in the Australian and Japanese construction industries. *Journal of Cleaner Production*, v. 14, n. 2, p. 688-702, 2009.

[CIB] THE INTERNATIONAL COUNCIL FOR RESEARCH AND INNOVATION IN BUILDING AND CONSTRUCTION/[UNEP-IETC] UNITED NATIONS ENVIRONMENT PROGRAMME INTERNATIONAL ENVIRONMENTAL TECHNOLOGY CENTRE. *Agenda 21 for sustainable construction in developing countries – a discussion document*. Prepared by Christina du Plessis, CSRI Building and Construction Technology. Pretoria. África do Sul, 2002.

YUAN, H. et al. A dynamic model for assessing the effects of management strategies on the reduction of construction and demolition waste. *Waste Management*, v. 32, n. 3, p. 521-531, 2012.

7

Ferramentas para inserção da variável ambiental na construção civil

João Alexandre Paschoalin Filho
Ana Cristina de Faria
Andreza Portella Ribeiro
Tatiana Tucunduva Philippi Cortese

INTRODUÇÃO

A definição da Agenda 21 para a construção sustentável em países em desenvolvimento, segundo Du Plessis (2002, p. 8), a considera "um processo holístico que aspira a restauração e manutenção da harmonia entre os ambientes natural e construído e a criação de assentamentos que afirmem a dignidade humana e encorajem a equidade econômica". Em outras palavras, o conceito de Construção Sustentável vai além da preocupação ambiental; pois também agrega a preocupação com a qualidade de vida dos indivíduos e das comunidades, abraçando a sustentabilidade econômica e social para agregar valor à qualidade de vida.

Inúmeros são os desafios para a efetividade das construções sustentáveis, de forma generalizada, destacam-se: a redução e a otimização do consumo de materiais e energia que, consequentemente, levam à redução dos resíduos gerados e favorecem a preservação do meio ambiente e a qualidade do ambiente construído.

Sob essa perspectiva, o setor da construção civil e os governos vêm gerenciando o ciclo de vida do ambiente construído em duas direções. De um lado, os empresários incentivam, cada vez mais, o desenvolvimento de tecnologias que oferecem alternativas sustentáveis, e economicamente viáveis, aos conceitos de arquitetura e consumo convencionais. Do outro lado, o poder público, principalmente na esfera local, suscita e promove práticas sustentáveis no planejamento urbano, por meio de legislações e código de edificações, incentivos fiscais e parcerias com concessionárias dos serviços públicos de água, esgotos e energia.

Embora seja reconhecida a preocupação em se criar um meio ambiente ecologicamente equilibrado, pode-se afirmar que a prospecção de mudanças futuras é menos obscura do que o enfrentamento de problemas reais de degradação ambiental.

Conforme destaca Jacobi (2003), é notória a complexidade do processo de transformação de um planeta, que sofre ameaças dinâmicas e é diretamente afetado pelos riscos socioambientais, cuja compreensão mais profunda é detalhada na obra inicial de Beck (1992), *Risk society*, sobre os riscos ecológicos, químicos, nucleares e genéticos, produzidos industrialmente, externalizados economicamente, individualizados juridicamente, legitimados cientificamente e minimizados politicamente (Guivant, 2001).

Segundo Paschoalin Filho, Storopoli e Dias (2016), a indústria da construção civil desempenha um importante papel no desenvolvimento econômico e social do Brasil, uma vez que é responsável pela redução dos *déficits* habitacionais e de infraestrutura, além da geração de milhares de empregos diretos e indiretos.

Entretanto, apesar de figurar como um importante agente de desenvolvimento, a indústria da Construção, também consiste em um dos setores econômicos que mais impacta o meio ambiente por toda sua extensa cadeia produtiva; por exemplo, segundo Paschoalin Filho, Dias e Cortes (2014), de uma forma geral, dentre os componentes da massa gerada diariamente de Resíduos Sólidos Urbanos (RSU), grande parte é proveniente de atividades ligadas ao setor.

No entanto, de acordo com Paschoalin Filho et al. (2013), a construção civil, também pode ser destacada como um dos setores produtivos que mais investe em inovação tecnológica e desenvolvimento de ferramentas de mitigação de impactos ambientais por ela causados.

Para John (2010), o desenvolvimento sustentável da construção civil somente será possível a partir do momento em que forem adotadas as seguintes atitudes pelo setor:

- Otimização das técnicas executivas atuais – construir mais utilizando menos materiais e insumos.
- Substituição de matérias-primas naturais por materiais reciclados, de forma a reduzir o impacto ambiental gerado pela extração dos recursos naturais e reduzir volumes de resíduos descartados e enviados para aterros.

FERRAMENTAS DE GERENCIAMENTO E PROCESSOS DE CERTIFICAÇÃO APLICADOS À SUSTENTABILIDADE NA CONSTRUÇÃO CIVIL

Ao abordar o tema construção sustentável, Souza (2008) comenta que os aspectos de sustentabilidade associados à construção civil estão relacionados à utilização de energia, ao sistema de automação com sensores, ao uso do sistema de ar-condicionado, ao isolamento térmico e acústico, à racionalização da logística e à utilização de madeiras certificadas.

O conceito de construção sustentável, na visão de Koranda et al. (2012), é direcionado também para a prática de uma construção mais limpa, que engloba a redução de desperdícios gerados na obra. Mattosinho e Pionório (2009) definem Produção Mais Limpa, identificada pela sigla P+L, como uma metodologia para obter minimização de resíduos, e que na construção civil pode ser chamada de construção mais limpa de resíduos, que se concentra na reciclagem dos resíduos gerados.

Segundo Garé (2011), o ideal é que sejam desenvolvidas ações que atuem na causa, antes da ocorrência dos problemas. A busca pela redução ou eliminação dos desperdícios, minimizando também o impacto ambiental, induz ao pensamento de que uma construção mais limpa apresenta todas as dimensões da sustentabilidade, e é um dos principais conceitos aplicados nos princípios da fabricação japonesa, o Sistema Toyota de Produção (STP), adaptado aos processos da construção civil, conhecido como construção enxuta ou *lean construction*.

A base da filosofia da construção enxuta, conforme Peretti (2014), está na eliminação dos desperdícios e na redução dos estoques de materiais, racionalizando o tempo e melhorando o uso da mão de obra, com foco no processo e no ambiente de trabalho (Dave e Koskela, 2009).

Em seu trabalho original, Koskela (1992) apresenta onze princípios sobre a construção enxuta:

1. Redução de atividades que não agregam valores.
2. Aumento do valor do produto.
3. Redução da variabilidade da matéria-prima, do processo e da demanda dos clientes.
4. Redução do tempo de ciclo.
5. Simplificação por meio da redução do número de etapas ou padronização dos elementos construtivos.
6. Aumento da flexibilidade de saída.
7. Aumento da transparência do processo.

8. Manutenção do foco no controle como um processo, visando eliminar perdas.
9. Geração de melhorias contínuas, no intuito de reduzir os desperdícios.
10. Criação do balanceamento de melhorias entre o fluxo e as transformações.
11. Aplicação do *benchmarking*.

Empresas de construção civil em países como Austrália, Brasil, Dinamarca, Finlândia, Cingapura, Reino Unido e Estados Unidos têm implementado os conceitos de construção mais limpa, a partir do gerenciamento do processo da construção, entregando ao cliente uma obra mais limpa, alinhada ao conceito da construção enxuta, eliminando desperdícios e focando no conceito de construção sustentável, considerando as dimensões ambiental, social e econômica (Marhani, Jaapar e Bari, 2012)

Na visão de Pinheiro (2003), o grande desafio está em analisar os aspectos econômicos (custos) em uma perspectiva equilibrada de seu ciclo de vida, além de apenas no desembolso do investimento (financeiro). A partir do momento em que se consegue economizar energia e água e, ao mesmo tempo, aumentar a produtividade, a sustentabilidade do projeto e dos materiais são mais fáceis de justificar.

Kats (2003), ao comparar 30 casos de edifícios sustentáveis, constatou que os custos do projeto e de construção representam apenas 2% do custo do ciclo de vida do edifício, no período de 30 anos. Para garantir os quesitos de uma construção sustentável, surgiram diversas certificações internacionais e nacionais, que avaliam o desempenho das construções com base em normas. Esse movimento ficou conhecido como *green buildings*.

Os institutos e órgãos de certificações, a partir da Eco92, passaram a desenvolver documentos e compartilhar muitas informações atendendo às necessidades de ambientalistas que defendiam o uso de produtos e serviços na construção civil (Medeiros, 2013). Cada modelo de certificação existente contribui diretamente para a obtenção de resultados sustentáveis, por exemplo: economia no uso dos recursos naturais, ganhos de eficiência, redução do consumo de energia, diminuição de resíduos de Construção Civil (RCC), de poluição e de degradação ambiental (Menkes, 2004; Silva, 2004; Silva, Tamaki e Gonçalves, 2006; Borgstein e Lamberts, 2014; Samways et al., 2014).

As práticas de avaliação das construções sustentáveis e as certificações ambientais voluntárias para a construção civil vêm crescendo em escala mundial. Existem diversas certificações, como: a *Green Star* e o *National Australian Buildings Environmental Rating System* (Nabers), na Austrália; o *Comprehensive Assessment System for Building Environmental Efficiency* (Casbee), no Japão; o *Building Environmental Performance Assessment Criteria* (Bepac), no Canadá;

o *Haute Qualité Environnementale dês Bâtiments* (HQE), na França; o *Building Research Establishment Environmental Assessment Method* (Breeam), no Reino Unido; e *Energy Star*, *Green Globes* e *Leadership in Energy Environmental Design* (Leed), nos EUA (Pinheiro, 2003; Fuerst e McAllister, 2011; Okada, 2012; Medeiros, 2013).

No ano de 2007, foi criado no Brasil, o Conselho Brasileiro de Construção Sustentável (CBCS), por meio da articulação entre as lideranças empresariais, pesquisadores, consultores e profissionais, objetivando contribuir para a geração e difusão de conhecimento e de boas práticas de sustentabilidade na construção civil (CBCS, 2015).

Para o CBCS (2014), as construções sustentáveis seguem processos de avaliações de desempenho energético que utilizam a norma ISO 50.001, que exige a aplicação de sistemas de gestão energética para novas obras. As certificações mais utilizadas no Brasil, conforme o CBCS (2014), são Leadership in Energy and Environmental Design (Leed) e o processo Alta Qualidade Ambiental (Aqua-HQE), o qual é aplicado pela Fundação Vanzolini (SP).

Existem também a certificação do Selo Qualiverde, na cidade do Rio de Janeiro; do Selo BH Sustentável (MG) e, por fim, do Selo Azul da Caixa Econômica Federal, direcionado às construções do Programa Minha Casa Minha Vida, do Governo Federal. O Quadro 7.1 apresenta as principais certificações no Brasil e o nível de conhecimento destas pelo mercado.

Quadro 7.1 Principais certificações de construção sustentável no Brasil

Nome do processo	Abrangência	Conhecimento do mercado
Leed	Internacional	Alto
Breeam	Internacional	Baixo
Aqua – HQE	Brasil	Alto
Selo Casa Azul	MCMV*	Baixo
PBE Edifica (Procel)	Brasil	Alto
Selo Qualiverde	Rio de Janeiro	Baixo
Referência Casa	Brasil	Baixo
Selo BH Sustentável	Belo Horizonte	Baixo

Fonte: adaptado de CBCS (2014, p. 57).
*Programa Minha Casa Minha Vida.

Em 2007, também foi criado no Brasil o Green Building Council Brasil (GBC Brasil, 2015), órgão não governamental que se compromete a auxiliar o desenvolvimento da construção sustentável no país. Segundo essa instituição, o processo Leadership in Energy and Environmental Design (Leed) consiste em um programa de adesão voluntária, que visa avaliar o desempenho ambiental do empreendimento como um todo.

O processo Leed leva em consideração o ciclo de vida da construção e pode ser aplicado em qualquer tipo de obra no território brasileiro. O sistema de pontuação e avaliação para obter a certificação é contemplado por meio de um selo, que adota um sistema de classificação e avaliação ambiental do desempenho de edificações sustentáveis. A instituição não governamental GBC Brasil (2015) certifica os empreendimentos que alcançam o nível de desempenho mínimo, composto pelo somatório de pontos atribuídos a cada requisito atendido. O empreendimento certificado pode receber os seguintes selos (Figura 7.1):

Certified – Certificado (40-49 pontos)	Silver – Prata (50-59 pontos)	Gold – Ouro (60-79 pontos)	Platinum – Platina (80-100 pontos)

Figura 7.1 Selos de Certificação Leed.

Fonte: GBC BRASIL (2015, p. 32).

Conforme o processo Aqua-HQE (2014), a qualidade ambiental de um edifício está alicerçada em catorze categorias segregadas em quatro aspectos (Quadro 7.2).

Quadro 7.2 Categorias ambientais

Gerenciar os impactos sobre o ambiente exterior		Criar um espaço interior sadio e confortável	
Sítio e construção		Conforto	
1	Relação do edifício com seu entorno.	8	Conforto hidrotérmico.
2	Escolha integrada de produtos, sistemas e processos construtivos.	9	Conforto acústico.
3	Canteiro de obras com baixo impacto ambiental.	10	Conforto visual.
		11	Conforto olfativo.

(continua)

Quadro 7.2 Categorias ambientais *(continuação)*

Gerenciar os impactos sobre o ambiente exterior		Criar um espaço interior sadio e confortável	
Gestão		Saúde	
4	Gestão da energia.	12	Qualidade sanitária dos ambientes.
5	Gestão da água.	13	Qualidade sanitária do ar.
6	Gestão dos resíduos de uso e operação.	14	Qualidade sanitária da água.
7	Manutenção da permanência do desempenho ambiental.		

Fonte: Manual Aqua-HQE (2014, p. 5).

O nível de desempenho associado às catorze categorias é desmembrado nas principais observações, de acordo com o manual Aqua-HQE (2014), associadas a cada desafio ambiental, nas exigências expressas por critérios e indicadores de desempenho. Os indicadores de desempenho ambiental de uma construção identificam o nível de atuação destinado para cada categoria a ela associada.

São apresentadas no Quadro 7.3 as principais características dos processos Leed e Aqua-HQE, destacando a quantidade de indicadores analisados, os critérios de classificação e os níveis de cada certificação.

Quadro 7.3 Comparativo entre as certificações mais utilizadas

Parâmetros	Leed	Aqua-HQE
Órgão de gestão	USGBC	Fundação Vanzolini
Primeira edição	1998	2007
Última edição	2010	2013
Categorias	7	14
Indicadores	57	59
Critérios de classificação	107	369
Níveis de certificação	Prata Ouro Platina	Bom Superior Excelente

Fonte: adaptado de Silva e Calarge (2014, p. 8).

Além dessas certificações, o segmento da construção civil ganhou normas próprias em termos de sustentabilidade, por meio do sistema ISO: as normas ISO 21.930 (2007), que abordam a sustentabilidade na construção civil por meio de uma declaração ambiental de produtos para construção; e a ISO 15.392 (2008), que trata da sustentabilidade na construção civil por meio de princípios gerais.

Para se desenvolver uma Construção Sustentável que atenda às recomendações das normas ISO 21.930 e ISO 15.392, e a todos os quesitos da sustentabilidade na construção civil, para que sejam certificadas, é importante atuar de forma global e criar a cultura da sustentabilidade no segmento e na sociedade como um todo.

A RECICLAGEM COMO FERRAMENTA DE SUSTENTABILIDADE NO SETOR DA CONSTRUÇÃO CIVIL

O manejo conferido aos resíduos gerados nos canteiros de obras consiste em importante critério avaliativo em processos de obtenção de selos de construção verde, como Leed e Aqua-HQE. Dentro deste contexto, pode-se destacar a reciclagem, uma vez que esta traz ao setor uma reflexão em relação à destinação dos seus resíduos sólidos, melhoria da gestão dos insumos utilizados nas obras e estimulação do desenvolvimento de técnicas de projeto e construtivas, permitindo menor produção de resíduos e melhor aproveitamento daqueles gerados, tanto em novas construções quanto em *retrofits*.

Para Paschoalin Filho, Storopoli e Dias (2016), a reciclagem e o reúso dos Resíduos de Construção Civil (RCC) adicionam valor econômico a estes e reduzem os custos de transporte para sua deposição. Na visão de Moreira, Macedo e Souza (2012), a indústria da construção civil é capaz de reutilizar e reciclar resíduos advindos de outros setores produtivos. Segundo os autores, isso ocorre uma vez que os resíduos descartados por outros setores industriais podem ser utilizados na manufatura de materiais de construção, substituindo a utilização de matérias-primas naturais.

A reciclagem dos RCC ocorre sob diversas técnicas, de forma que diversos pesquisadores têm se dedicado ao estudo dos RCC nas mais diversas finalidades, dentre estas, destacam-se: agregados para concreto (Vieira e Molin, 2004); produção de argamassa (Duarte, 2013; Pires, 2014); obras de pavimentação e calçamentos (Pires, 2014; Ricci, 2007); obras de drenagem (Nunes; Mahler e Valle, 2009); tijolos (Ferraz e Segantini, 2004), como material de regularização de terreno e recuperação topográfica (Santos, 2007), entre outras.

Contudo, apesar das vantagens obtidas com a reciclagem, os RCC ainda são vistos como "lixo" pela sociedade e, mesmo após a publicação da Política Nacional de Resíduos Sólidos, em 2010, muitos municípios ainda carecem de políticas públicas efetivas que estimulem a reciclagem dos RCC e a utilização destes em obras.

Para se ter uma noção acerca da importância de adoção destas políticas, pode-se citar uma análise conduzida por Ângulo et al. (2011) em diversos municípios do estado de São Paulo, a qual mostrou a predominância de resíduos, na massa de RCC gerada diariamente, que poderiam ser reutilizados ou reciclados como agregados em obras diversas, correspondendo a cerca de 91% da massa total produzida nessas localidades.

Ressalta-se que a utilização dos RCC em obras consiste em matéria já publicada pela Associação Brasileira de Normas Técnicas (ABNT), a qual, no ano de 2004, estabeleceu as seguintes normativas referentes à utilização do RCC reciclados: ABNT NBR 15.112/2004 (resíduos de construção civil e resíduos volumosos – áreas de transbordo e triagem – diretrizes para projeto e implantação), ABNT NBR 15.113/2004 (resíduos sólidos da construção civil e resíduos inertes – aterros – diretrizes para projeto, implantação e operação), ABNT NBR 15.114/2004 (resíduos sólidos da construção civil – áreas de reciclagem – diretrizes para projeto, implantação e operação), ABNT NBR 15.115/2004 (agregados reciclados de resíduos sólidos da construção civil – execução de camadas de pavimentação – procedimentos) e a ABNT NBR 15.116/2004 (agregados reciclados de resíduos sólidos da construção civil – utilização em pavimentação e preparo de concreto sem função estrutural).

Deve-se também destacar a Resolução n. 307 do Conselho Nacional do Meio Ambiente (Conama), publicada em 2002, a qual, além de atribuir classificação aos RCC, recomenda a elaboração de Planos de Gerenciamento de Resíduos de Construção Civil (PGRCC) pelas esferas pública e privada, os quais deverão conter todos os procedimentos referentes ao manejo dos resíduos de construção gerados.

A reciclagem dos RCC também é fortemente recomendada por diversas legislações nacionais e internacionais. Paschoalin Filho et al. (2015) citam as seguintes: Política Nacional de Resíduos Sólidos (PNRS), do Brasil (Lei n. 12.305/2010); a Diretiva 2008/98, relativa aos resíduos da União Europeia e a Lei da Recuperação e da Conservação dos Recursos (ECRA) da Agência de Proteção Ambiental (EPA), dos Estados Unidos (Inglezakis e Zorpas, 2011; Hwang e Yeo, 2011).

Portanto, é certo dizer que a reciclagem dos RCC consiste em uma solução aderente ao conceito de *Triple Bottom Line* proposto por Elkington (1997), o qual define que o desenvolvimento sustentável de uma organização deverá se apoiar no seguinte tripé: social, ambiental e econômico (Arif, Bendi e Tomasabbagh, 2012; Oyedete et al., 2013; Paschoalin Filho et al., 2015).

Dessa forma, o pilar econômico consiste no ganho proporcionado pela reinserção dos resíduos na cadeia produtiva, o que reduz a necessidade de aquisição de matéria-prima natural e o consumo energético na produção de novos materiais de construção, gerando economia com a redução de transporte para a deposição dos resíduos; o pilar ambiental consiste na redução da pressão ambiental do setor pela diminuição do extrativismo e do ritmo de esgotamento das jazidas de recursos naturais, bem como na redução dos gases de efeito estufa provenientes das operações de transporte e extração, além da redução de geração de resíduos; e o pilar social pode ser relacionado à geração de empregos derivados da reciclagem, proporcionando a inclusão de mão de obra que outrora encontrava-se fora do mercado formal de trabalho.

A PREOCUPAÇÃO COM ÁREAS CONTAMINADAS NA IMPLANTAÇÃO DE OBRAS CIVIS

Assuntos relacionados à degradação ambiental e áreas contaminadas passaram a integrar as questões de Planejamento Urbano e Regional, com foco principal na revitalização de terrenos, conferindo-lhes uso sustentável para integrá-los ao contexto urbano (Rocca, 2006). Além disso, no lugar da omissão, observa-se o empenho crescente dos órgãos de fiscalização em reconhecer e tornar públicas as áreas nas quais foram desenvolvidas atividades potencialmente poluidoras e que podem representar risco, principalmente em regiões densamente povoadas que carecem de terrenos para a instalação de empreendimentos imobiliários.

O desenvolvimento urbano acelerado transformou o perfil das cidades, causando o colapso de antigos bairros industriais, que propiciou a alienação de razoável número de imóveis (edificações, plantas industriais, postos de combustíveis, depósitos e terrenos) que, apesar de apresentarem características físicas e geográficas bastante favoráveis às negociações comerciais, ocultam restrições para o desenvolvimento de novas atividades em virtude da potencial presença de contaminantes químicos.

Essas instalações são denominadas "passivos ambientais" e, normalmente, carregam o diagnóstico do histórico de negligência no gerenciamento de seus processos industriais, que incluem a exploração dos recursos naturais, pouco ou nenhum conhecimento sobre a proteção ambiental, em particular a preservação da qualidade dos solos e águas subterrâneas.

Portanto, o gerenciamento e a redefinição de novos usos aos passivos ambientais exigem medidas cautelosas, já que essas áreas podem infligir algum risco à qualidade de vida de seus atuais ou futuros usuários, além de prejuízos operacionais e econômicos, que podem comprometer as receitas dos responsáveis pelo empreendimento.

A Companhia de Tecnologia de Saneamento Ambiental do Estado de São Paulo (Cetesb) é a agência ambiental com atuação e normas de procedimentos mais avançadas no Brasil sobre o Gerenciamento de Áreas Contaminadas

(GAC). Nesse sentido, no final dos anos de 1990, a Cetesb elaborou, em parceria com o governo da Alemanha, por meio de sua Sociedade de Cooperação Técnica Deutsche Gesellschaft für Technische Zusammenarbeit (GTZ), o primeiro Manual de Gerenciamento de Áreas Contaminadas (Cetesb, 2001), no qual conceitos e metodologias são apresentados de forma consistente, com intuito de fornecer informações para outras agências ambientais e empresas privadas do país sobre ações balizadoras que devem ser seguidas para identificação, investigação, avaliação de risco e implementação de medidas de intervenção nessas áreas.

Desde então, foi possível observar a criação e o aperfeiçoamento do arcabouço legal que trata da degradação ambiental e, em alguns casos, especificamente da temática "gerenciamento de áreas contaminadas". Por outro lado, sua efetividade ainda está muito aquém da desejada, diante dos números preocupantes de registros de contaminação de solos e águas subterrâneas, considerando apenas as regiões do país que possuem catalogadas tais informações.

Outro aspecto negativo refere-se à falta de investimentos e de profissionais com conhecimento técnico e científico nas empresas de consultorias, que se reflete em projetos de investigação mal planejados e executados com tecnologias ineficientes para a remediação, traduzindo-se em elevado custo financeiro e em dispêndio desnecessário de tempo (Moraes, Teixeira e Maximiano, 2014).

Para Sánchez (2004), o real significado de uma área contaminada envolve o conjunto de compartimentos ambientais (ar, água, solo) afetados, as construções, instalações e equipamentos e os diferentes seres vivos, incluindo o homem, que estão sob risco de exposição a substâncias tóxicas, que podem magnificar-se na superfície ou subsuperfície do terreno, no ambiente construído e no material utilizado para aterro, o que justifica a denominação de área contaminada e não apenas solo contaminado, como tem sido tratado em alguns casos.

A falta de gerenciamento desses passivos ambientais fará com que estes funcionem como fontes dinâmicas de contaminação secundária, com abrangência maior do que sua origem, caracterizando-se como poluição com diferentes meios de difusão, o que facilitaria sua propagação e riscos à exposição humana, estendendo seus efeitos adversos a áreas imediatas e contíguas (Günther, 2006).

Dentre os vários casos emblemáticos de reutilização de passivos ambientais que ganharam repercussão nos meios de comunicação nacional, destaca-se o Condomínio Barão de Mauá, localizado em Mauá (SP) que, na ausência de qualquer levantamento prévio sobre o histórico de atividades no terreno, foi construído sobre uma área utilizada como descarte de resíduos químicos como benzeno, clorobenzeno, trimetilbenzeno e decano, além de outras substâncias desconhecidas (Cetesb, 2016).

Em abril de 2000, a Cetesb foi acionada para uma emergência no local, relacionada a uma explosão ocasionada no momento em que estavam sendo realizadas manutenções em caixas d'água, instaladas nas áreas subterrâneas do condomínio. No incidente, houve vítima fatal. O órgão autuou os responsáveis: a empresa Cofap Fabricadora de Peças Ltda. (antiga proprietária), a Administradora e Construtora Soma Ltda., a SQG Empreendimentos e Construções Ltda. e a Paulicoop Planejamento e Assessoria a Cooperativas S/C Ltda. (Cetesb, 2016).

No entanto, após tantas idas e vindas, o imbróglio jurídico ainda não teve desfecho no que se refere aos crimes ambientais. Quanto às indenizações devidas aos moradores, a morosidade da justiça faz com que vários processos ainda estejam em fase de instrução e julgamento ou em fase recursal. Em 2015, os responsáveis iniciaram o programa de remediação ambiental exigida pela Cetesb, conforme decisão do Tribunal de Justiça de São Paulo, que, após ter embargado judicialmente a área, autorizou as rés a executarem o Projeto de Recuperação Ambiental aprovado (Cetesb, 2016).

Não é o objetivo desta seção, mas se faz necessário indicar que muitos outros casos semelhantes ainda arrolam na justiça e podem ser verificados no Cadastro de Áreas Críticas no portal da Cetesb, que também apresenta uma plataforma dedicada ao GAC no estado de São Paulo, disponibilizando relatórios, documentos, formulários e informações sobre áreas e imóveis contaminados e se apresentam, ou não, projetos de recuperação (Cetesb, 2016). Constituindo-se, portanto, em uma ferramenta que pode e deve ser consultada por todo cidadão, para que este venha a conhecer com mais profundidade o tema e entenda a sua relevância para a gestão de cidades, principalmente as que buscam ser sustentáveis.

Em uma negociação comercial, independentemente de seu porte, os atores envolvidos carregam consigo elevada carga de preocupação, principalmente o comprador, visto que, muitas vezes, o fechamento do negócio é o resultado de anos de trabalho e economias. No caso de grandes empreendimentos, há de se considerar que a empresa será responsável pelo canteiro de obras, pela segurança de seus funcionários e do entorno; ou seja, é difícil contabilizar o valor real envolvido em operações dessa natureza.

Portanto, é comum a insegurança por parte daqueles que têm muito a perder. Dessa forma, o comprador se previne de informações sobre a idoneidade do proprietário e as condições do imóvel perante os órgãos públicos. É comum a contratação de advogados com grau de conhecimento em Direito Imobiliário, que transmitem segurança às partes envolvidas.

Embora para as grandes construtoras esse tema já faça parte dos aspectos investigados para a escolha de uma área, ainda é grande a insipiência sobre os aspectos ambientais, que também devem ser considerados no processo de

compra e venda de imóveis. Infelizmente, essa ignorância se traduz em milhares de preocupações, frustrações e tragédias, como as vivenciadas no Condomínio Barão de Mauá.

Portanto, quais seriam os questionamentos que devem ser feitos ao longo do processo comercial? Além das questões básicas que garantem a legalidade do patrimônio a ser adquirido, quais informações sobre a licitude do imóvel com os aspectos ambientais precisam ser averiguadas, para que se possa evitar qualquer transtorno, por mínimo que seja, ou para se conseguir garantias de ressarcimento, em casos mais complexos? Quais são as leis que podem dar embasamento a situações emblemáticas?

Pensando nessas questões, além da Cetesb, outros órgãos públicos e entidades privadas vêm elaborando e disponibilizando, gratuitamente, em suas páginas virtuais, manuais que indicam, de forma básica, o roteiro a ser seguido para o levantamento de informações sobre o potencial risco de contaminação associado a um imóvel.

Nesse contexto, citam-se o guia para Avaliação do Potencial de Contaminação em Imóveis (Pires, 2003), o Caderno 2 do Guia Caixa Sustentabilidade Ambiental (Marker, 2010), e o guia elaborado pelas indústrias de São Paulo, para gerenciamento de áreas com problemas e prevenção de novos passivos ambientais (Federação das Indústrias do Estado de São Paulo – Fiesp, 2014). Essas ferramentas de consulta possibilitam a elaboração de roteiros metodológicos, que contemplam a investigação sobre o histórico de uso da área pretendida e seus possíveis passivos ambientais.

Os manuais também indicam as principais leis que tratam a temática, como a Lei de Crimes Ambientais (Lei Federal n. 9.605/98), dando atenção especial às leis e normas, federais e estaduais, voltadas ao GAC, como a Resolução Conama n. 420/2009, as Normas ABNT, da série 15515/201, entre outras. Apresentam o marco legal sobre GAC no Estado de São Paulo a Lei Estadual n. 13.570/09 e o Decreto n. 59.263/13, que regulamenta essa lei.

É possível ainda se ter informações sobre o cenário geral de registros de áreas contaminadas, as principais atividades poluidoras que contribuem para o aumento de passivos ambientais e os procedimentos que devem ser tomados pelos proprietários ou responsáveis, em casos nos quais se constatou o potencial de contaminação do empreendimento.

Além da importância de acionar imediatamente o órgão ambiental responsável, os manuais atentam para a etapa de divulgação do problema para a vizinhança afetada, o que deve incluir estratégias que permitam o diálogo no processo de tomada de decisão, referente ao gerenciamento do risco identificado que, segundo Di Giulio et al. (2012), denomina-se "comunicação de risco".

A partir da comprovação da existência do passivo ambiental, são sugeridas metodologias para a elaboração dos projetos de recuperação, bem como são indicadas técnicas de remediação que podem ser empregadas. Nesse aspecto, outra ferramenta para consulta é o guia elaborado pelo Instituto de Pesquisas Tecnológicas (IPT), de São Paulo, sobre planos de intervenção para áreas contaminadas, que pode ser considerado uma das bibliografias brasileiras mais atualizadas no que se refere às técnicas de remediação e aplicações em estudos de caso (Moraes, Teixeira e Maximiano, 2014).

Os pesquisadores apresentam um trabalho interdisciplinar exaustivo para desenvolver e validar tecnologias que auxiliem a execução de projetos de descontaminação e recuperação de áreas degradadas. Para tanto, executaram estudos em escala laboratorial, com base em investigações e tecnologias desenvolvidas em países onde essa temática já apresenta políticas públicas bem definidas e apoiadas em um arcabouço legal, que propiciou resultados significativos no que se refere à identificação e à remediação de áreas contaminadas, como é o caso dos Estados Unidos, Canadá e Alemanha.

Portanto, pode-se afirmar que não existe dificuldade de acesso a informações sobre áreas contaminadas. No entanto, isso não impede a ocorrência de novos episódios de passivos ambientais e prejuízos à qualidade de vida, visto que, infelizmente, no Brasil, a difusão desse tema para a sociedade, bem como a atuação de outros Estados, além dos pertencentes às regiões Sudeste e Sul, ainda é incipiente.

CONSIDERAÇÕES FINAIS

A inserção da variável ambiental na construção civil dependerá da difusão de técnicas construtivas e projetos que tenham por objetivo a racionalização dos materiais utilizados, da gestão eficiente de recursos (energia, água, materiais e insumos etc.) e da responsabilidade de gestão e manejo dos resíduos gerados.

Dentro deste contexto, destaca-se a importância dos sistemas de certificação *green building*, os quais estimulam a inserção da variável ambiental na Construção Civil, por meio do incentivo na utilização de ferramentas de Produção Mais Limpa, na otimização e modernização de filosofias de projetos, na racionalização de processos executivos, no gerenciamento de resíduos produzidos, na preocupação com o ciclo de vida da edificação etc.

Portanto, é certo concluir que a adoção de práticas baseadas no conceito de sustentabilidade consiste em um novo paradigma a ser explorado e discutido pelo meio técnico em geral, no intuito de mitigar os efeitos das atividades da construção civil no meio ambiente, proporcionar melhor imagem do setor junto ao mercado consumidor e *stakeholders*, bem como reduzir seus custos de produção na execução das obras.

REFERÊNCIAS

ÂNGULO, S.C. et al. Resíduos de construção e demolição: avaliação de metodos de quantificação. *Engenharia Sanitária e Ambiental*, v. 16, n. 3, p. 299-306, 2011.

AQUA HQE. Manual Acqua HQE. 2014 Disponível em: http://www.vanzolini.org.br/dowload/TR-SGE-14-03.pdf. Acesso em: 3 nov. 2016.

ARIF, M.; BENDI, B.; TOMA-SABBAGH, T. Construction waste management in India: an exploratory study. *Construction Innovation*, v. 12, n. 2, p. 133-155, 2012.

[ABNT] ASSOCIAÇÃO BRASILEIRA DE NORMAS TÉCNICAS. *NBR 15.112: Diretrizes para projeto, implantação e operação de áreas de triagem e transbordo*. Rio de Janeiro, 2004.

______. *NBR 15.113: Diretrizes para projeto, implantação e operação de aterros*. Rio de Janeiro, 2004.

______. *NBR 15.114: Diretrizes para projeto, implantação e operação de áreas de reciclagem*. Rio de Janeiro, 2004.

______. *NBR 15.115: Procedimentos para execução de pavimentação utilizando agregados reciclados de resíduos da construção*. Rio de Janeiro, 2004.

______. *NBR 15.116: Requisitos para utilização em pavimentos e preparo de concreto sem função estrutural com agregados reciclados de resíduos da construção*. Rio de Janeiro, 2004.

BECK, U. *Risk society: towards a new modernity*. Sage, 1992.

BORGSTEIN, E.H.; LAMBERTS, R. *Building energy consumption on-line forecasting using physics based system identification*. v. 82, p. 82-91, 2014,

BRASIL. *Lei n. 12.305, de 02 de agosto de 2010. Política Nacional de Resíduos Sólidos*. 2.ed. Brasília: Câmara dos Deputados, Edições Câmara, 2012. 73p.

[CETESB] COMPANHIA DE TECNOLOGIA DE SANEAMENTO AMBIENTAL. *Manual de gerenciamento de áreas contaminadas*. São Paulo: Cetesb/GTZ, 2001.

______. *Condomínio Residencial Barão de Mauá - Município de Mauá*. Disponível em: http://areascontaminadas.cetesb.sp.gov.br/condominio-residencial-barao-de-maua-municipio-de--maua/. Acesso em: 14 maio 2016.

[CONAMA] CONSELHO NACIONAL DO MEIO AMBIENTE. *Resolução n. 307, de 05 de julho de 2002*. Estabelece diretrizes, critérios e procedimentos para a gestão dos resíduos da construção civil. Diário Oficial da União, Brasília, 17 de julho de 2002. Disponível em: http://www.mma.gov.br/port/conama/-index.cfm. Acesso em: 13 maio 2016.

[CBCS] CONSELHO BRASILEIRO DE CONSTRUÇÃO SUSTENTÁVEL. *Desenvolvimento de benchmarks nacionais de consumo energético de edificações em operação*. 2014. Disponível em: <http://www.cbcs.org.br/website/>. Acesso em: 14 ago. 2015.

______. *Missão, visão, origem. Estatutos*. (2015). Disponível em: www.cbcs.org.br/website/institucional. Acesso em: 15 jan. 2016.

DAVE, B.; KOSKELA, L. Collaborative knowledge management: A construction case study. *Automation in Construction*. n. 18, p. 894-902, mar. 2009.

DI GIULIO, G.M. et al. Experiências brasileiras e o debate sobre comunicação e governança do risco em áreas contaminadas por chumbo. *Ciência & Saúde Coletiva*. v. 17, n. 2, p. 337-349, 2012.

DIRETIVA do Parlamento Europeu e do Conselho de 19 de novembro de 2008 relativa aos resíduos e que revoga algumas diretivas (Diretiva 2008/98/CE), L312, 2008, p. 3-29. Disponível em: http://eur-lex.europa.eu/LexUriServ/LexUriServ.do?uri=OJ:L:2008:312:0003:0030:pt:PDF. Acesso em: 13 maio 2016.

DUARTE, E.B.L. *Resistência a compressão de argamassa composta por resíduo de construção e demolição e politereftalato de etileno (PET) em flocos*. São Paulo, 2013. 170p. Dissertação (Mestrado em Gestão Ambiental e Sustentabilidade) - São Paulo, Universidade Nove de Julho.

DU PLESSIS, C. Agenda 21 for sustainable construction in developing countries. *CSIR Report BOUE*, v. 204, 2002.

ELKINGTON, J. *Cannibals with forks: The triple bottom line of 21st century business*. Ed. Capstone Publishing Ltd, Oxford, 1997. 402p.

FERRAZ, A.L.; SEGANTINI, A.A. Engenharia sustentável: aproveitamento de resíduos de construção na composição de tijolos de solo-cimento. In: *Encontro de Energia no Meio Rural, 5, 2001*. Campinas, 2004.

[FIESP] FEDERAÇÃO DAS INDÚSTRIAS DO ESTADO DE SÃO PAULO. Áreas contaminadas – informações básicas. 2014. 44p. Disponível em: http://www.ciesp.com.br/wp-content/uploads/2014/12/areas-contaminadas-informacoes-basicas.pdf. Acesso em: 14 maio 2016.

FUERST, F.; MCALLISTER, P. Green noise or green value? Measuring the effects of environmental certification on office values. *Real Estate Economics*, v. 39, n. 1, p. 45-69, 2011.

GARÉ, J.C. *Contribuições da Construção Civil brasileira para o desenvolvimento sustentável*. São Caetano do Sul, 2011. Dissertação (Mestrado em Administração) – Universidade Municipal de São Caetano do Sul.

[GBC BRASIL] GREEN BUILDING COUNCIL BRASIL. Construindo um futuro sustentável. Disponível em: http://www.gbcbrasil.org.br/sobre-certificado.php. Acesso em: 2015.

GUIVANT, J. A teoria da sociedade de risco de Ulrich Beck: entre o diagnóstico e a profecia. *Estudos Sociedade e Agricultura*, v. 16, 2001, p. 95-112.

GÜNTHER, W.M.R. Áreas contaminadas no contexto da gestão urbana. *São Paulo em Perspectiva*, v. 20, n. 2, p. 105-117, 2006.

HWANG, B.; YEO, Z.B. Perception on benefits of construction waste management in the Singapure construction industry. *Engineering, Construction and Archtectural Management*, v. 18, n. 4, p. 394-406, 2011.

INGLEZAKIS, V.J.; ZORPAS, A. Industrial hazardous waste in the framework of EU and international legislation. *Management of Environmental Quality: An International Journal*, v. 22, n. 5, p. 566-580, 2011.

[ISO] INTERNATIONAL ORGANIZATION FOR STANDARDIZATION. *ISO 21930:2007*. Sustainability in building construction – Environmental declaration of building products. Disponível em: http://www.iso.org/iso/catalogue_detail?csnumber=40435. Acesso em: 12 maio 2016.

______. *ISO 15392:2008*. Sustainability in building construction – General principles. Disponível em: http://www.iso.org/iso/catalogue_detail?csnumber=40432. Acesso em: 12 maio 2016.

JACOBI, P. Educação ambiental, cidadania e sustentabilidade. *Cadernos de pesquisa*, v. 118, n. 3, p. 189-205, 2003.

JOHN, V.M. *Boas práticas para habitações mais sustentáveis: desafios das construções sustentáveis*. Brasília, DF: Caixa Econômica Federal, 2010, p. 11-19.

KATS, G.H. *Green Building Costs and Financial Benefits*. Westborough, MA: Massachusetts Technology Collaborative, 2003.

KORANDA, C. et al. An investigation of the applicability of sustainability and lean concepts to small construction projects. *Journal of Civil Engineering*, v. 16, n. 5, p. 699-707, 2012.

KOSKELA, L. *Application of the new production philosophy to construction*. CIFE Technical Report #72. Palo Alto, CA: Stanford University, 1992.

MARHANI, M.A.; JAAPAR, A.; BARI, N.A.A. *Lean Construction: towards enhancing sustainable construction. Procedia Social and Behavioral Sciences*, v. 68, p. 87-98, 2012.

MARKER, A. *Avaliação ambiental de terrenos com potencial de contaminação*: gerenciamento de riscos em empreendimentos imobiliários. Guia CAIXA: sustentabilidade ambiental. Caderno 2, Brasília, 2010.

MATTOSINHO, C.; PIONÓRIO, P. Aplicação da produção mais limpa na construção civil: uma proposta de minimização de resíduos na fonte. *Proceedings...* In: International Workshop Advances in Cleaner Production, 2009.

MEDEIROS, Y.M. *A contribuição das certificações como instrumentos voluntários para a avaliação da sustentabilidade de projetos urbanos*. Rio de Janeiro, 2013. 139p. Dissertação (Mestrado em Engenharia Urbana) – Escola Politécnica, Universidade Federal do Rio de Janeiro.

MENKES, M. *Eficiência energética, políticas públicas e sustentabilidade*. Brasília, DF. 2004. 295f. Tese (Doutorado em Desenvolvimento Sustentável). Universidade de Brasília.

MOREIRA, A.B.S.; MACEDO, A.N.; SOUZA, P.S.L. Masonry concrete block strength compound with sawdust according to residue treatment. *Acta Scientiarum. Technology*, Maringá, v. 34, n. 3, p. 296-279, 2012.

MORAES, S.L.; TEIXEIRA, C.E.; MAXIMIANO, A.M.S (Orgs.). *Guia de elaboração de planos de intervenção para o gerenciamento de áreas contaminadas*. São Paulo: IPT – Instituto de Pesquisas Tecnológicas do Estado de São Paulo e BNDES, 2014.

NUNES, K.; MHALER, C.; VALLE, R. Reverse logistics in the Brazilian construction industry. *Journal of Environmental Management*, n. 90, 2009, p. 3717-3720.

OKADA, E.Y. *Avaliação da segurança ambiental de construção certificada LEED: estudo de caso de um colégio público no Rio de Janeiro*. Rio de Janeiro, 2012. 93p. Dissertação (Mestrado em Engenharia Ambiental) – Escola Politécnica, Universidade Federal do Rio de Janeiro.

OYEDETE, L.O et al. Reducing waste to landfill in the UK: identifying impediments and critical solutions. *World Journal of Science, Technology and Sustainable Development*, v. 10, n. 2, p. 131--142, 2013.

PASCHOALIN FILHO, J.A.; STOROPOLI, J.H.; DIAS, A.J.G. Evaluation of compressive strength and water absorption of soil-cement brick manufactured with addition of PET (Polyethylene Terephthalate) wastes. *Acta Scientiarum. Technology*, Maringá, v. 38, n. 2, p. 163-171, 2016.

PASCHOALIN FILHO, J.A. et al. Gerenciamento dos resíduos de construção nas obras de um edifício comercial na cidade de São Paulo. *Revista Engenharia e Tecnologia*, v. 7, n. 4, p. 91-107, 2015.

PASCHOALIN FILHO, J.A.; DIAS, A.J.G.; CORTES, P.L. Aspectos normativos a respeito de resíduos de construção civil: uma pesquisa exploratória na situação no Brasil e em Portugal. *Desenvolvimento e Meio Ambiente*, v. 29, n. 2, p. 155-169, 2014.

PASCHOALIN FILHO, J.A. et al. Manejo dos resíduos de demolição gerados durante as obras da Arena de Futebol Palestra Itália (Allianz Parque) localizada na cidade de São Paulo/Brasil. *Revista Holos*, v. 29, n. 6, p. 73-91, 2013.

PERETTI, L.C. *Aplicação das ferramentas da construção enxuta em construtoras verticais na região metropolitana de São Paulo: estudo de casos múltiplos*. São Caetano do Sul, 2014. Dissertação (Mestrado em Administração) – Universidade Municipal de São Caetano do Sul.

PINHEIRO, M.D. Construção sustentável: mito ou realidade. In: *VII Congresso Nacional de Engenharia do Ambiente y Lisboa*, novembro, 2003.

PIRES, G.W.M.O. *Avaliação técnica e econômica de blocos para piso intertravado manufaturados com concreto dosado com resíduos de PET (politereftalato de etileno) como alternativa susten-*

tável para a construção civil. São Paulo, 2014. 113p. Dissertação (Mestrado) - Programa de Mestrado em Gestão Ambiental e Sustentabilidade, Universidade Nove de Julho.

PIRES, M.C. *Guia para avaliação do potencial de contaminação em imóveis.* São Paulo: Cetesb/GTZ, 2003.

RICCI, G. *Estudo das características mecânicas do concreto compactado com rolo com agregados reciclados de construção e demolição para pavimentação.* São Paulo, 2007. Dissertação (Mestrado) - Escola Politécnica, Universidade de São Paulo.

ROCCA, A.C.C. Os passivos ambientais e a contaminação do solo e das águas subterrâneas. In: VILELA JR.; A.; DEMAJOROVIC, J. (Orgs.). *Modelos e ferramentas de gestão ambiental: desafios e perspectivas para as organizações.* São Paulo: Senac, 2006.

SAMWAYS, L.A. et al. A importância da implantação de um sistema eficiente de gestão energética em pequenas e médias empresas. Ética e transparência nas organizações. *Revista Gestão Estratégica.* Ponta Grossa, PR, 2014.

SANTOS, E.C. *Aplicação de resíduos de construção e demolição reciclados (RCD-R) em estruturas de solo reforçado.* 2007. Dissertação (Mestrado) - Escola de Engenharia de São Carlos, Universidade de São Paulo.

SÁNCHEZ, L.H. Revitalização de áreas contaminadas. Remediação e revitalização de áreas contaminadas: aspectos técnicos, legais e financeiros. *Signus*, São Paulo, 2004, p. 79-90.

SILVA, A.Q.; CALARGE, F.A. Análise das certificações de sustentabilidade na indústria da construção civil: um estudo comparativo. In: *SIMPOI*, 2014.

SILVA, G.S. *Programas permanentes de uso racional da água em campi universitários: o Programa de Uso Racional da Água da Universidade de São Paulo.* São Paulo, 2004. Dissertação (Mestrado em Engenharia) - Escola Politécnica, Universidade de São Paulo.

SILVA, G.S.; TAMAKI, H.O.; GONÇALVES, O.M. Implementação de programas de uso racional da água em campi universitários. *Ambiente Construído*, Porto Alegre, v. 6, n.1, p. 49-61, jan./mar. 2006.

SOUZA, T.L. Green buildings: construções inteligentes e ecoeficientes. *Revista do Conselho Regional de Engenharia, Arquitetura e Agronomia*, Rio Grande do Sul, v. 51, p. 12-17, nov. 2008.

VIEIRA, G.L.; MOLIN, D.C. Viabilidade técnica da utilização de concretos com agregados reciclados de resíduos de construção e demolição. *Revista Ambiente Construído,* n. 4, v. 4, p. 47-63, 2004.

Parte V

Tema Complementar

8

A construção de um programa de pós-graduação em cidades inteligentes e sustentáveis de acordo com os requisitos de avaliação da Capes

Cláudia Terezinha Kniess
Emerson Antonio Maccari
Cibele Barsalini Martins

INTRODUÇÃO

A partir da metade do século XX, foi imprescindível a valorização do conhecimento científico (especialmente aquele associado às novas tecnologias) e de profissionais capacitados para o desenvolvimento econômico e social do Brasil (Oliveira et al., 2008). Todavia, nessa época, o país contava com um número reduzido de alunos matriculados em cursos superiores, quando comparado aos países considerados desenvolvidos. Paralelamente, os cursos de pós-graduação praticamente não existiam. Com o intuito de minimizar esse cenário, foi criada em 1951 a Coordenação de Aperfeiçoamento de Pessoal de Nível Superior (Capes), fundação do Ministério da Educação (MEC), cuja atribuição principal baseava-se em estimular a formação de profissionais capacitados e em quantidade suficiente para suprir as demandas nacionais. A partir de então, a Capes tem sido o órgão responsável por estimular a expansão e a consolidação de programas de pós-graduação (PPG) modalidade *stricto sensu* no Brasil e, sobretudo, por realizar também a avaliação periódica dos cursos visando assegurar a sua qualidade (Capes, 2008).

De acordo com Rolim e Serra (2009), as universidades desempenham uma importante função no desenvolvimento regional para atender à demanda na formação acadêmica, produção científica e extensão universitária para diminuir as gritantes desigualdades regionais. Ainda segundo os autores, esse papel torna-se sempre mais importante diante da compreensão de que as novas tecnologias são indispensáveis para o desenvolvimento.

A dinâmica do desenvolvimento regional é discutida em diversos programas de pós-graduação, assim como nos eventos científicos e periódicos indexados da área ou áreas afins. O problema eminente com o desenvolvimento regional desordenado, sem planejamento pelos entes públicos – em conjunto com a sociedade –, justifica a necessidade da intervenção acadêmica para encontrar alternativas para as diversas formas de desenvolvimento atualmente utilizadas, como também formar recursos humanos especializados na área (Bilert et al., 2015).

No âmbito das cidades inteligentes e sustentáveis, foco desta obra, observa-se a necessidade da formação de recursos humanos de alto nível nesta temática, na esfera da área de planejamento urbano e regional.

Os estudos relacionados a cidades inteligentes e sustentáveis respondem a uma forte demanda da sociedade para o enfrentamento dos desafios atuais relacionados à crescente concentração da população nos centros urbanos e à diversidade de problemas técnicos e políticos relacionados a esta dinâmica. Nesse cenário, a demanda de atuação do profissional é bastante diversificada, diferenciando-se de acordo com a cultura, a organização e as políticas de cada país ou região. Destaca-se a importância da formação de profissionais com capacidade de desenvolver trabalhos de caráter técnico, científicos e de gestão, de modo a contribuir com o desenvolvimento urbano inteligente e sustentável do país.

Nesse contexto, este capítulo tem como objetivo descrever o desenvolvimento de Programa de Pós-graduação em Cidades Inteligentes e Sustentáveis em uma instituição de ensino superior do estado de São Paulo. Para isso, serão abordados aspectos relacionados à pós-graduação *stricto sensu* no Brasil, a Capes, e a formação de recursos na área Planejamento Urbano e Regional/ Demografia da Capes. Nesta área, está inserido o caso em estudo apresentado no capítulo.

PÓS-GRADUAÇÃO NO BRASIL E A CAPES

Em seus anos de existência, a pós-graduação brasileira vem expandindo de forma significativa, firmando-se e alcançando credibilidade internacional com altos padrões de qualidade em várias áreas do conhecimento. Consequentemente, pode-se entender que a pós-graduação vem ao longo do tempo contribuindo sobremaneira para o desenvolvimento do país (Kuenzer e Moraes, 2005; Martins et al., 2014).

Nessa perspectiva, a Capes tem analisado o desempenho dos programas de pós-graduação, ao passo que imprime um rigor cada vez maior aos procedimentos que adota para a avaliação dos programas, o que, consequentemente, estimula a melhoria contínua dos sistemas de gestão desses programas (Oliveira et al., 2008). Isso se reflete, ainda, na parametrização de todas as suas intervenções e planos de avaliação da pós-graduação, o que coaduna com as seguintes linhas de ação do órgão (Capes, 2016a): (a) avaliação da pós-graduação *stricto sensu*; (b) acesso e divulgação da produção científica; (c) investimentos na formação de recursos de alto nível no país e exterior; e (d) promoção da cooperação científica internacional.

Em termos de magnitude da pós-graduação brasileira, são consideradas pela Capes nove grandes áreas de conhecimentos: Ciências Agrárias; Ciências Biológicas; Ciências da Saúde; Exatas e da Terra; Ciências Humanas; Ciências Sociais Aplicadas; Engenharias; Linguística, Letras e Artes; e a Multidisciplinar, que totalizam 5.689 programas recomendados, dos quais 3.165 são de mestrado acadêmico, 1.945 de doutorado e 579 de mestrados profissionais (Capes, 2015a). Tais números demonstram que o órgão regulador e fiscalizador tem contribuído para o desenvolvimento em quantidade e qualidade da pós-graduação *stricto sensu* (Maccari, 2008).

A importância da atuação da Capes também se justifica, haja vista que, de acordo com o MEC (2009), os resultados do sistema de avaliação da Capes servem de base para a formulação de políticas para a área de pós-graduação, bem como para o dimensionamento das ações de fomento – bolsas de estudo, auxílios, apoios – estabelecendo, ainda, critérios para o reconhecimento pelo MEC dos cursos de mestrado e doutorado novos e em funcionamento no Brasil (Neves e Costa, 2006).

Ainda, como exemplo sobre a importância da Capes para o desenvolvimento da pós-graduação no Brasil, cita-se o aumento que vem ocorrendo ao longo dos anos no número de bolsas e o aporte orçamentário necessário para os anos de 2013 e 2020 o que demonstram que a Capes investe maciçamente em concessão de bolsas de estudos, conforme demonstrado na Tabela 8.1.

Na Tabela 8.1, as projeções de bolsas são crescentes, uma vez que, para 2013, foi calculada a concessão de 87.325 bolsas para a realização de cursos de pós-graduação, perfazendo um orçamento necessário de R$ 1.587.831.300,00, mas com um *déficit* de R$ 100.783.673,69, já que o orçamento projetado é de R$ 1.487.047.626,31. Para o ano de 2020, a previsão do número de bolsas é de 188.286, o que significa um aumento de 46% quando comparado a 2013. O valor orçamentário necessário será de R$ 3.496.167.000,00, porém o orçamento projetado prevê um aporte de R$ 3.616.289.778,40, o que resultará, pela primeira vez, em um *superávit* de R$ 120.122.778,40, o que demonstra a tendência em se elevar o investimento nessa modalidade de financiamento.

Tabela 8.1 Projeções de números de bolsas da Capes no país, aporte orçamentário necessário

Número de bolsas			Orçamento necessário	Orçamento projetado
2013	Mestrado	49.751	R$ 716.414.400,00	
	Doutorado	34.248	R$ 739.756.800,00	
	Pós-doutorado	3.325	R$ 131.660.100,00	
	Total	87.324	R$ 1.587.831.300,00	R$ 1.487.047.626,31
2020	Mestrado	88.004	R$ 1.267.257.600,00	
	Doutorado	96.791	R$ 2.090.685.600,00	
	Pós-doutorado	3.491	R$ 138.223.800,00	
	Total	188.286	R$ 3.496.167.000,00	R$ 3.616.289.778,40

Fonte: adaptada de PNPG (2011).

SISTEMA DE AVALIAÇÃO CAPES

O sistema de avaliação da pós-graduação abrange dois processos: o primeiro diz respeito à avaliação quadrienal dos programas de pós-graduação e o segundo, à avaliação das propostas de cursos novos de pós-graduação, sendo que, de acordo com Maccari, Lima e Riccio (2009), o sistema de avaliação da Capes é eminentemente quantitativo e os critérios de avaliação têm sido utilizados como parâmetros de gestão pelos programas de pós-graduação. O processo avaliativo é conduzido por pares, baseado nas informações relatadas pelos programas de pós-graduação, possibilitando, com isso, análises quantitativa e qualitativa dos parâmetros (Spagnolo e Souza, 2004; Maccari, 2008). Esse sistema é composto pelas seguintes dimensões: (1) proposta do programa; (2) corpo docente; (3) corpo discente; (4) produção intelectual; e (5) inserção social.

A avaliação dos programas de pós-graduação é realizada quadrienalmente, com acompanhamento anual sendo que, ao final do processo, é atribuída uma nota ao programa, em uma escala que varia entre 1 e 7. Destaca-se que os programas com notas 1 e 2 são descredenciados e a nota 3 representa desempenho regular e atende aos padrões mínimos de qualidade, permitindo o funcionamento do Programa. Já a nota 4, indica que o programa pode ser considerado como de desempenho bom, enquanto que a nota 5 eleva o programa a condição de excelência em nível nacional. Finalmente, as notas 6 e 7 indicam desempenho equivalente aos padrões internacionais (Capes, 2013a).

As avaliações são conduzidas pelas comissões de avaliação, tendo como referência o sistema composto por fichas, em que são registrados os resultados das avaliações de cada programa. O sistema de avaliação é estruturado por quesitos e itens, o qual busca manter a uniformidade e a padronização do processo, com ampliação do nível de integração entre as diferentes áreas. Além das fichas, os relatórios de avaliação e os documentos de áreas constituem os documentos que divulgam todos os processos e os resultados da avaliação trienal (Capes, 2014b). Dentro das nove grandes áreas do conhecimento, estão distribuídas as 48 áreas de avaliação, conforme o Quadro 8.1.

Quadro 8.1 Áreas de avaliação da Capes

Ciências Agrárias	Ciências Biológicas	Engenharias
Ciência de Alimentos	Biodiversidade	Engenharias I
Ciências Agrárias I	Ciências Biológicas I	Engenharias II
Medicina Veterinária	Ciências Biológicas II	Engenharias III
Zootecnia/Recursos Pesqueiros	Ciências Biológicas III	Engenharias IV
Ciências da Saúde	**Ciências Humanas**	**Ciências Sociais Aplicadas**
Educação Física	Antropologia/Arqueologia	Administração, Ciências Contábeis e Turismo
Enfermagem	Ciência Política e Relações Internacionais	Arquitetura e Urbanismo
Farmácia	Educação	Ciências Sociais Aplicadas
Medicina I	Filosofia/Teologia	Direito
Medicina II	Geografia	Economia
Medicina III	História	Planejamento Urbano e Regional/Demografia
Nutrição	Psicologia	Serviço Social
Odontologia	Sociologia	
Saúde Coletiva		
Linguística, Letras e Artes	**Multisciplinar**	**Ciências Exatas e da Terra**
Artes/Música	Biotecnologia	Astronomia/Física
Letras/Linguística	Ciências Ambientais	Ciência da Computação
	Ensino	Geociências
	Interdisciplinar	Matemática/ Probabilidade e Estatística
	Materiais	Química

Fonte: Capes (2014b)

Para avaliar a produção intelectual gerada pelos programas de pós-graduação de todas as áreas, a Capes lança mão de um conjunto de procedimentos, denominado sistema Qualis, para estratificar a qualidade da produção intelectual em periódicos. Essa análise é feita anualmente pelas áreas, realizada de maneira indireta das publicações que foram registradas pelos programas na Plataforma Sucupira referente ao ano-base anterior. Ao final do processo, os veículos são enquadrados nos seguintes estratos: A1 (mais elevado), A2, B1, B2, B3, B4, B5 e C, com peso zero (Capes, 2014a).

Parâmetros e exigências do sistema de avaliação para a área

De acordo com Maccari e Nishimura (2014) cada comitê das áreas de avaliação utiliza o modelo de avaliação proposto pela Capes como referência. Esse sistema de avaliação é composto por cinco quesitos:

- Proposta do programa.
- Corpo docente.
- Corpo discente.
- Produção intelectual.
- Inserção social, sendo que os quesitos são constituídos por 19 itens de avaliação.

Pode-se dizer que o sistema de avaliação da Capes é um conjunto de indicadores e parâmetros organizados de forma monolítica e padronizados para todas as áreas, com pequenas adaptações realizadas pelas áreas de conhecimento conforme as suas especificidades. Isso possibilita que elas realizem uma "calibragem" dos parâmetros, especialmente com relação às métricas dos quesitos e dos itens das dimensões de avaliação. Destaca-se que cada área tem a flexibilidade de alterar em 5% para mais ou para menos os pesos dos quesitos. Já com relação aos itens que constituem cada quesito, as áreas têm maior liberdade para atribuírem os pesos percentuais que julgarem ser mais adequados às suas características. Em alguns casos, elas podem optar por não atribuir peso algum ao item ("não se aplica"), deixando-o fora da avaliação. A Tabela 8.2 apresenta os parâmetros do sistema de avaliação da Capes para a área de Planejamento Urbano e Regional/Demografia (Capes, 2013b).

A Tabela 8.2 sintetiza as 56 páginas do relatório de avaliação da área de Planejamento Urbano e Regional/Demografia (Capes, 2013b), que apresenta os quesitos e os pesos dos itens disponíveis para a referida área. De acordo com Maccari e Nishimura (2014), com a disposição das informações de avaliação em uma única tabela, o sistema de avaliação da Capes pode ser entendido como um *balanced scorecard* acadêmico, instrumentalizando e permitindo aos programas organizar suas estratégias de desenvolvimento e aprimoramento para cada item do sistema de avaliação. Os autores destacam ainda que, quanto mais alta a nota atribuída (5, 6 e 7), maior deve ser a concentração dos resultados na coluna "muito bom" dos indicadores do programa. Para programas com nota 4, deverá haver o predomínio dos resultados na coluna "bom" e, para os programas com nota 3, a concentração deverá estar na coluna "regular".

Tabela 8.2 Parâmetros do sistema de avaliação da Capes para a área de Planejamento Urbano e Regional/Demografia

Quesitos	Desdobramento do quesito		Parâmetros				
	Peso	Itens do quesito	Muito bom	Bom	Regular	Fraco	Deficiente
			100%	80%	60%	40%	20%
Proposta do programa	50%	1.1. Coerência, consistência, abrangência áreas de concentração, linhas de pesquisa, projetos em andamento e proposta curricular.	Avaliação qualitativa				
	35%	1.2. Planejamento contemplando os desafios internacionais, formação de seus alunos, metas quanto à inserção social, egressos.	Avaliação qualitativa				
	20%	1.3 Infraestrutura para ensino, pesquisa e, se for o caso, extensão.	Avaliação qualitativa				
Corpo docente (20%)	15%	2.1 Perfil: composição dos docentes permanentes (DP) – doutores atuação no campo temático do curso. (30%)	Avaliação qualitativa				
		2.1 Perfil: endogenia – diversificação de formação. Proporção de docentes oriundos de um mesmo PPG. (10%)	< 30%		60 - 30%		> 60%

(continua)

Tabela 8.2 Parâmetros do sistema de avaliação da Capes para a área de Planejamento Urbano e Regional/Demografia (continuação)

Quesitos	Desdobramento do quesito		Parâmetros				
	Peso	Itens do quesito	Muito bom	Bom	Regular	Fraco	Deficiente
			100%	80%	60%	40%	20%
Corpo docente (20%)	15%	2.1 Perfil: experiência – proporção de doutores com titulação inferior a 5 anos (25%)	< 30%		30 - 50%		> 50%
		2.1 Perfil: DP – consultores técnico-científicos, órgãos de fomento, corpo editorial de periódicos especializados, visitantes em outras IES (20%)	> 30%				< 30%
		2.1. Perfil: capacitação continuada do DP (15%)	1 DP em 3 anos		1 DP em 6 anos		0
	30%	2.2. Adequação e dedicação: percentual de DP em relação ao corpo docente	> 70%	Avaliação qualitativa – diminuir um nível caso não atingir			
		2.2. Adequação e dedicação: oscilação do DP no quadriênio inferior a 20%/ano (20%)	< 80%				> 80%
		2.2. Adequação e dedicação: DP oferta de disciplina (40%)	> 80%				< 80%

(continua)

Tabela 8.2 Parâmetros do sistema de avaliação da Capes para a área de Planejamento Urbano e Regional/Demografia (continuação)

Quesitos	Desdobramento do quesito		Parâmetros				
	Peso	Itens do quesito	Muito bom	Bom	Regular	Fraco	Deficiente
			100%	80%	60%	40%	20%
Corpo docente (20%)	30%	2.2 Adequação e dedicação: DP participação em projetos de pesquisa (40%)	> 80%				< 80%
	35%	2.3. Distribuição das atividades de pesquisa e de formação entre os docentes do programa.	> 80%				< 80%
	10%	2.4. Contribuição dos docentes para atividades de ensino e/ ou de pesquisa na graduação (valorizar orientação de TCC e IC)	≥ 70%	50 - 69%	30 - 49%	15 - 29%	< 15%
	15%	2.5. Proporção do DP com projetos financiados por agências de fomento	≥ 50%	40 - 49%	30 - 39%	20 - 29%	< 20%

(continua)

Tabela 8.2 Parâmetros do sistema de avaliação da Capes para a área de Planejamento Urbano e Regional/Demografia (continuação)

Quesitos	Desdobramento do quesito		Parâmetros				
	Peso	Itens do quesito	Muito bom	Bom	Regular	Fraco	Deficiente
			100%	80%	60%	40%	20%
Corpo discente (35%)	30%	3.1. Orientações em relação ao DP (10%)	3 - 6,9	2 – 4 ou 7 - 7,9	1 – 1,9 ou 8 – 8,9	0,5-0,9 ou 9 – 9,9	< 0,5 ou > 10
		3.1. Quantidade de teses e dissertações defendidas: orientações em relação ao DP (40%)	1 - 3	0,7 – 1 ou 3 - 5	0,4 – 0,7 ou 5 - 8	0,1 – 0,4 ou 8-10	<0,1 ou > 10
		3.1. % de titulados em relação aos alunos entrantes do respectivo ano (50%)	≥ 60%	50 - 59%	40 - 49%	20- 39%	< 20%
	30%	3.2. Distribuição das orientações em relação aos 20% do DP com mais orientações	≤ 30%	31- 40%	41-50%	< 51-59%	≥60%
	35%	3.3. Qualidade das T e D. % número de discentes autores pelos discentes do ano base (60%)	≥ 20	15 -19%	10 – 14,9%	5 – 9,9%	< 5%
		3.3. Qualidade das T e D. % egressos autores em relação ao total de titulado no respectivo ano (40%)	≥ 50	30 – 49%	20 - 29%	10 - 19%	< 10%

(continua)

Tabela 8.2 Parâmetros do sistema de avaliação da Capes para a área de Planejamento Urbano e Regional/Demografia (continuação)

Quesitos	Desdobramento do quesito		Parâmetros				
	Peso	Itens do quesito	Muito bom	Bom	Regular	Fraco	Deficiente
			100%	80%	60%	40%	20%
	5%	3.4. Eficiência do programa na formação de mestres (TMT)	≤ 30	30,1 - 33	33,1 - 36	36,1 - 39	> 39
		3.4. Eficiência do programa na formação de doutores (TMT)	≤ 54	54,1 - 60	60,1 - 66	66,1 - 72	> 72
Produção intelectual (35%)	50%	4.1. Publicações qualificadas do programa por docente permanente	>74	70 – 74%	55 – 69%	<55%	
	40%	4.2. Distribuição publicações qualificadas pelos 20% mais produtivos	40% Produção total	41 - 50%	51 - 60%	>61% Produção total	
	10%	4.3. Produção técnica/ tecnológica: quantidade de produtos por DP	> 5	2 - 5	< 2		
	-	4.4. Produção artística	Não se aplica				

(continua)

Tabela 8.2 Parâmetros do sistema de avaliação da Capes para a área de Planejamento Urbano e Regional/Demografia (continuação)

Quesitos	Desdobramento do quesito		Parâmetros				
	Peso	Itens do quesito	Muito bom	Bom	Regular	Fraco	Deficiente
			100%	80%	60%	40%	20%
Inserção Social 10%	45%	5.1. Inserção e impacto regional e/ou nacional do programa (educacional, social, cultural e tecnológico)	Avaliação qualitativa				
	40%	5.2. Integração e cooperação com outros programas (65%). Participação docente em órgãos de cooperação (35%)	Avaliação qualitativa				
	15%	5.3. Visibilidade ou transparência do programa.	Avaliação qualitativa				

Fonte: Maccari (2008) e Capes (2013b).

Verifica-se que os quesitos são avaliados, de modo geral, em termos quantitativos, ponderados pelos percentuais (pesos) de cada item, com exceção ao item "Proposta do programa", que é avaliado de forma exclusivamente qualitativa. Assim, de acordo com Maccari, Lima e Riccio (2009), o sistema de avaliação da Capes é, portanto, eminentemente quantitativo.

ÁREA DE PLANEJAMENTO URBANO E REGIONAL/DEMOGRAFIA

A área de Planejamento Urbano e Regional/Demografia (Purd) está inserida na grande área de conhecimento da Capes de Ciências Sociais Aplicadas. Os primeiros programas de pós-graduação em Planejamento Urbano e Regional foram criados no início da década de 1970 em Recife, Brasília, Rio de Janeiro, São Paulo e Porto Alegre com a finalidade de formar quadros qualificados tanto para a formulação quanto para a implementação de políticas urbanas e regionais que o então regime militar vigente idealizava (Capes, 2013b).

Na primeira década do século XX, houve uma excepcional aceleração do crescimento da área especialmente na sua subárea de Planejamento Urbano e Regional. Segundo o último documento de área – Relatório de avaliação 2010-2012 – Trienal 2013 (Capes, 2013b), em fins de 2012, a área contava com 32 programas na subárea de planejamento urbano e regional e com quatro programas de demografia. Essa expansão numérica foi acompanhada por transformações em termos dos campos de atuação, temáticos, naturezas e localização dos seus cursos. Dados do GeoCapes (Capes, 2016b) mostram que a taxa de crescimento geométrico anual do número de programas da área Purd (1998-2016) foi de 12% ao ano. Até o ano de 2015, a área de Purd apresentava 46 programas em funcionamento.

Uma parcela significativa dos programas da área encontra-se localizada em territórios distantes dos principais centros dinâmicos do país, o que contribui, significativamente, também para a diversificação dos assuntos objetos de estudos dos programas, pois estão inseridos em diferentes realidades (Capes, 2013b).

A área está contribuindo nas diferentes formas de interação com seus programas para que seu caráter inicialmente regional esteja alinhado com articulações em escalas mais amplas. Nesse sentido, a área possui como principais desafios relacionados à avaliação dos programas: (a) o instrumental da avaliação deve ser apropriado para lidar com uma heterogeneidade constante e (b) a própria avaliação deve ser apropriada como oportunidade para fortalecer a articulação entre os programas por meio de um esforço para dar unidade e legitimidade da forma de avaliação (Capes, 2013b).

No âmbito da área de Purd, está inserido o caso em estudo neste capítulo: um Programa de Pós-Graduação em Cidades Inteligentes e Sustentáveis vinculado a uma instituição de ensino superior do estado de São Paulo, denominado PPG-CIS.

PROGRAMA DE PÓS-GRADUAÇÃO EM CIDADES INTELIGENTES E SUSTENTÁVEIS

O objetivo desta parte do capítulo é apresentar um estudo de caso referente à construção de um Programa de Pós-graduação em Cidades Inteligentes e Sustentáveis, vinculado a uma instituição de ensino superior do estado de São Paulo, de acordo com os requisitos de avaliação da Capes. A escolha do caso se deu em função deste programa ser o único existente com este escopo dentre os programas das diversas áreas de avaliação da Capes.

A proposta do PPG-CIS teve início historicamente com a formação do Núcleo de Estudos em Cidades Inteligentes e Sustentáveis (NCIS), com a participação de professores do Programa de Pós-Graduação em Administração, do Programa de Mestrado Profissional em Administração – Gestão Ambiental e Sustentabilidade, com o apoio do Programa de Pós-Graduação em Engenharia de Produção da instituição de vínculo, como amadurecimento de uma nucleação iniciada em 2012.

Considerou-se como prioritárias as pesquisas envolvendo três linhas: eficiência energética, mobilidade urbana e construções sustentáveis, pois entende-se que estas representam grande parte das demandas da comunidade científica e da sociedade relacionadas à sustentabilidade em cidades. A proposta do PPG-CIS foi concebida de modo a abranger uma demanda bastante diversificada quanto ao perfil dos alunos a serem formados. Esse propósito justifica-se para atender ao próprio escopo do programa, em consonância ao desenvolvimento de pesquisa interdisciplinar nas temáticas de tecnologia e de desenvolvimento sustentável no âmbito das cidades.

Como o objeto do PPG-CIS relaciona-se com várias áreas do conhecimento e setores da economia, a expectativa é de atender a um público de profissionais de distintas formações provenientes do setor público e da iniciativa privada e, até o terceiro setor, de cidades de portes variados e de diferentes regiões do Brasil. A proposição de atingir uma demanda heterogênea de alunos reside em grande trunfo do programa, pois somente em abordagem holística pode-se planejar, gerenciar e projetar as cidades inteligentes e sustentáveis.

O PPG-CIS está inserido na área da Capes Purd. O programa, nível de mestrado, foi aprovado em maio de 2015 e iniciou suas atividades no mês de agosto de 2015 com o ingresso da primeira turma (Capes, 2015a).

Nesse contexto, o programa pretende atingir elevada relevância na formação de mestres provenientes do estado de São Paulo e de outras regiões do país, denotando a previsão de forte impacto regional desta proposta apresentada.

Essa premissa justifica-se, principalmente, pelos seguintes fatores:

- Escopo do projeto do programa: o PPG-CIS surge como uma proposta ampla, única e visionária que, além de preencher uma lacuna de demanda por conhecimento acadêmico e aplicado ao planejamento e gerenciamento de cidades, permite ampliar essa abordagem pela integração de pesquisa tecnológica relacionada ao desenvolvimento sustentável.
- Conteúdo e articulação das linhas de pesquisa: o PPG-CIS se estrutura por três linhas de pesquisa que se sustentam, integram e se complementam para ancorar e estimular pesquisas inovadoras e de relevância acadêmica dentro da grande temática estabelecida. Na concepção das linhas de pesquisa,

buscou-se identificar as áreas prioritárias do conhecimento intrínseco e de fronteira a elas, bem como estabelecer nichos e áreas de intersecção para desenvolvimento de pesquisas transversais entre elas. Tal desenho está alinhado à abordagem que se espera de um programa de pós-graduação que tem como objeto a promoção de pesquisa para transformar as cidades que habitamos em cidades inteligentes e sustentáveis.

- Proposta e localização do curso: a proposta do curso apoiada em instrumental teórico e prático visa abarcar ampla gama de problemas vivenciados nas cidades atuais pretendendo a proposição de soluções e arranjos para a transformação em cidades inteligentes e sustentáveis. Situado na maior e mais complexa cidade do Brasil, São Paulo, a multiplicidade de alternativas de estudo e pesquisa é nítida, seja na vivência prática dos problemas atuais, bem como no polo de desenvolvimento da busca de soluções de fronteira e holísticas. Adicionalmente, o módulo internacional do curso visará complementar a formação do aluno com outras experiências e concepções de cidades sustentáveis.
- Expectativa de sucesso: a concepção exclusiva do programa de pós-graduação vem com o propósito de abarcar e interagir no universo da pesquisa em cidades, relacionando grandes temas do planejamento público e privado, do gerenciamento do segmento industrial ao de serviços, em escala de projetos particulares até políticas públicas, de problemas locais a regionais, de soluções estruturais a não estruturais, dentre outros. O grande desafio do programa reside exatamente em seu principal diferencial que é uma proposta inovadora que pretende gerar pesquisa acadêmica de qualidade para contribuir com a construção e a manutenção de cidades inteligentes e sustentáveis conjugando em único programa a integração de tecnologia e a abordagem do tripé da sustentabilidade.

Desse modo, espera-se que o profissional que seja formado no PPG-CIS possa atuar como um membro disseminador, em alguns casos, como balizador para mudanças e aprimoramento de atividades em seu ambiente laboral e, consequentemente, como agente catalisador para a construção de novos paradigmas em cidades inteligentes e sustentáveis.

Objetivos do programa

A proposição do curso de mestrado na área de cidades inteligentes e sustentáveis tem como objetivo principal formar mestres com capacidade de desenvolver trabalhos de caráter técnico, científicos e de gestão nas áreas de planejamento urbano, desenvolvimento urbano sustentável, políticas públicas urbanas, conservação de energia em edificações, desenvolvimento de materiais de construção sustentáveis, estudo de sistemas de certificação ambiental, reciclagem e reúso de resíduos advindos de operações de construção e demolição, eficiência na utilização de recursos hídricos e energéticos nas construções, e estudos de viabilidade econômica em empreendimentos sustentáveis. Objetiva-se que a formação no PPG-CIS possibilite ao futuro profissional elaborar projetos, atuar e dialogar com profissionais de outras áreas do conhecimento, em especial os da área de planejamento urbano e regional (Capes, 2015b).

O campo de estudos em cidades inteligentes e sustentáveis pode ser considerado uma área de concentração com um campo profissional emergente, no plano nacional e internacional. O corpo de conhecimento da área vem evoluindo e as experiências de algumas cidades em âmbito mundial vêm servindo de *benchmarking* para a adoção de boas práticas no campo das engenharias, arquitetura e das políticas públicas. Nesse sentido o PPG-CIS, além de possibilitar reflexões sobre essas práticas, pretende propiciar a construção do conhecimento a partir da discussão de experiências nacionais de desenvolvimento urbano cotejadas com experiências internacionais de cidades apontadas como sustentáveis.

Área de concentração e linhas de pesquisa

A concepção de pesquisa do PPG-CIS pode ser vista de uma visão sistêmica. Os insumos são formados por um conjunto de capacitações e competências essenciais, com destaque para o projeto pedagógico (área de concentração, linhas de pesquisa e projetos-eixos) e o corpo docente. Os processos de pesquisa e ensino, articulados pelo projeto pedagógico e executados pelo corpo docente demandam um conjunto de atividades articuladas como o fomento à pesquisa e eventos, seleção e orientação de estudantes, intercâmbios, relação com graduação, entre outros. A Figura 8.1 ilustra a inter-relação entre a área de concentração e as linhas de pesquisa.

A ligação entre a área de concentração, as linhas de pesquisa e os projetos-eixos leva em consideração todos os parâmetros de desempenho definidos pela Capes.

Em um cenário marcado por fortes contradições sociais, as cidades brasileiras se constituem em espaços merecedores de atenção, principalmente nos dias atuais em que a sustentabilidade se apresenta como um "vetor de orientação" para as políticas e boas práticas de readequação e o reordenamento do ambiente urbano. Entende-se que os agentes promotores do espaço urbano – poder público, agentes imobiliários e proprietários fundiários –, por si só, não são

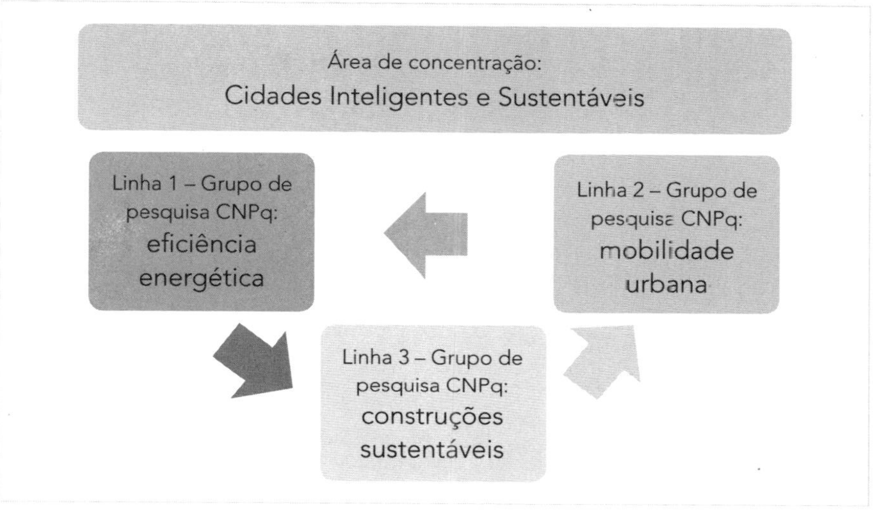

Figura 8.1 Inter-relação entre a área de concentração e as linhas de pesquisa do PPG-CIS.

suficientes para responder a todas as demandas da sociedade nesse ambiente complexo. É nesse contexto de diversidade de desafios que ganha evidência o papel da universidade ao se propor a refletir sobre a forma como os problemas urbanos se inter-relacionam e a apontar soluções balizadas na perspectiva da sustentabilidade (Capes, 2015b).

Por meio das reflexões sobre as limitações impostas pela realidade das cidades brasileiras e pelas experiências de outros países no desenvolvimento de "modelos de cidades sustentáveis" (nas quais universidades estrangeiras tiveram papel de destaque), considera-se que a capacidade de articulação de diferentes atores por parte da academia poderá ajudar significativamente na convergência de esforços para o desenvolvimento de cidades fundamentados no *triple bottom line* (econômico, social e ambiental). A formação de recursos humanos habilitados em ensino, pesquisa e extensão nesta temática gera benefícios amplos para toda a sociedade e permite às organizações realizar seus objetivos econômicos e sociais em condições de atender às pressões de mercado, sem que isso comprometa a capacidade de suprir as necessidades da população estabelecida e promova o ordenamento da ocupação dos novos espaços urbanos

A área de concentração Cidades Inteligentes e Sustentáveis tem como objetivo investigar as possibilidades de promoção da sustentabilidade urbana via ações e medidas de natureza técnica e política, que possibilitem a superação dos desafios impostos pelo desenvolvimento urbano periférico e desigual, tanto em um contexto regional de expansão das cidades como local, por meio de soluções envolvendo sistemas inteligentes de eficiência energética, mobilidade urbana e construções sustentáveis tendo em vista a melhoria da qualidade de vida. Nesse contexto, as possibilidades de superação dos grandes entraves à sustentabilidade urbana, relacionadas à mobilidade, acessibilidade, de práticas sustentáveis de construção, de necessidade de reaproveitamento e disposição adequada de resíduos, de abastecimento de água e de melhorias nas condições de saneamento básico, e do uso eficiente dos recursos energéticos disponíveis, via a efetiva aplicação dos marcos regulatórios existentes, também serão objeto de investigação.

A seguir, descrevem-se as linhas de pesquisa vinculados ao PPG-CIS:

- Eficiência energética: esta linha de pesquisa tem um contorno bastante amplo desde a definição das macrodiretrizes de política energética, que determina o fornecimento de energia para as cidades, até medidas de conservação de energia em edificações públicas ou privadas.
- Mobilidade urbana: esta linha de pesquisa tem como objetivo analisar os problemas relacionados à mobilidade e acessibilidade urbanas, com vias à produção de dados e proposições de soluções para os entraves da sustentabilidade, que permitam contribuir com futuras políticas públicas e de planejamento para a construção de cidades inteligentes e sustentáveis.
- Construções sustentáveis: esta linha de pesquisa tem como objetivo realizar pesquisas que busquem o desenvolvimento de ações, métodos e técnicas voltadas à redução da pegada ambiental do setor da construção civil.

Estrutura do curso

A estrutura curricular do PPG-CIS, nível de mestrado, é ilustrada na Figura 8.2.

Conforme pode ser observado na Figura 8.2, a estrutura curricular do curso de mestrado em Cidades Inteligentes e Sustentáveis é composta por 26 créditos em disciplinas obrigatórias e optativas e mais 14 créditos que são obtidos quando da defesa da dissertação.

A matriz curricular foi pensada para ser executada em três blocos distintos de disciplinas, a saber:

- Bloco I: disciplinas instrumentais (10 créditos). O aluno de mestrado tem contato com as disciplinas que irão capacitá-lo nas disciplinas de métodos, prática de pesquisa e seminário de dissertação.

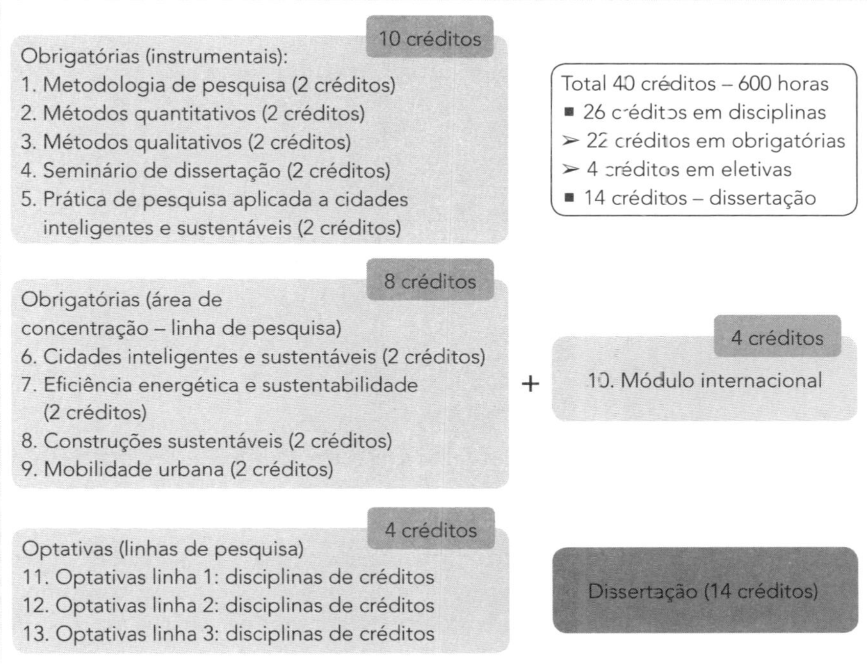

Figura 8.2 Estrutura curricular do PPG-CIS.

- Bloco II: disciplinas da área de concentração e linhas de pesquisa (8 créditos). O aluno é introduzido às disciplinas que cobrem a área de concentração e as três linhas de pesquisa. Essa dinâmica garante que o mestrando tenha a formação na filosofia do curso, por meio das disciplinas que cobrem a área de concentração e as três linhas de pesquisa.
- Bloco III: optativas de linha (4 créditos). São ofertadas diversas disciplinas eletivas pelas três linhas do curso. Dessa forma, o aluno que optar por uma determinada linha poderá aprofundar os conhecimentos nas disciplinas ofertadas por aquela linha.

Destaca-se que na Figura 8.2 aparecem somente três disciplinas como forma de ilustração. Para o aluno concluir a etapa das disciplinas e integralizar os quatro créditos faltantes, precisa participar, no segundo ano do curso de mestrado, do Módulo Internacional. Este módulo ocorre na Frankfurt University of Applied Sciences (cidade de Frankfurt, Alemanha) e prevê a oferta de estudos na fronteira do conhecimento da área de cidades inteligentes e sustentáveis na cidade de Frankfurt (Alemanha), considerada uma das cidades mais sustentáveis do mundo (Koch, 2015).

Na Figura 8.3, ilustra-se o esquema de oferta e distribuição das atividades do curso de mestrado ao longo de dois anos.

Ressalta-se que o curso de mestrado em Cidades Inteligentes e Sustentáveis foi dimensionado para ser cumprido em até 24 meses pelo aluno. Pelo esquema de oferta das disciplinas (24 créditos no primeiro ano do curso) e, no segundo ano do curso, a disciplina Seminários de Dissertação conduz o aluno a estar com o projeto pronto até o final do primeiro semestre daquele ano.

CONSIDERAÇÕES FINAIS

Com o objetivo de discutir a formação de recursos humanos especializados na área de cidades inteligentes e sustentáveis, este capítulo apresentou o estudo de caso de um programa de pós-graduação *stricto sensu* inserido na a área de Purd da Capes. Acredita-se que a base do projeto pedagógico do PPG-CIS é aderente a uma concepção focada e circunscrita a uma única área de concentração no campo temático de cidades inteligentes e sustentáveis, com linhas, grupos e projetos de pesquisa consistentes. Nesse sentido, buscou-se o estudo

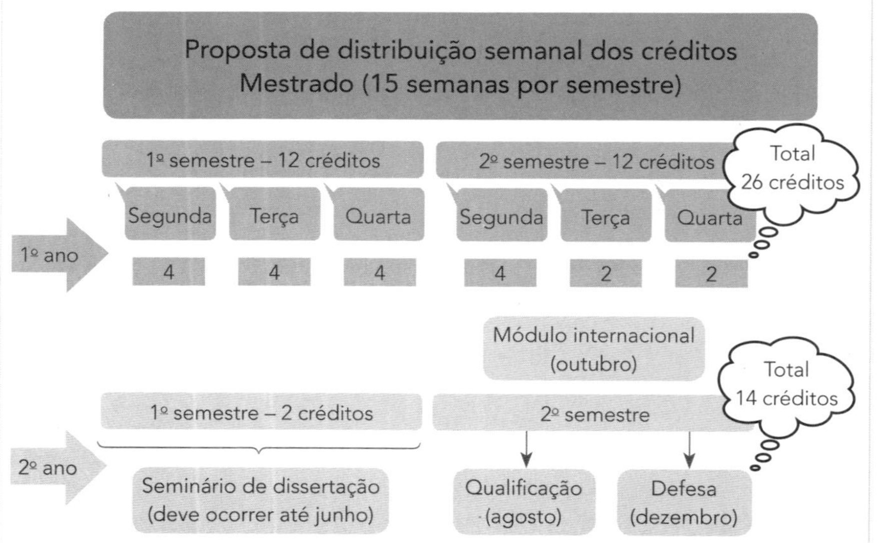

Figura 8.3 Esquema de oferta e distribuição das atividades do curso de mestrado ao longo de dois anos.

na fronteira do conhecimento, para produção intelectual de ponta, como desdobramento das atividades de pesquisa desenvolvidas nos projetos eixos de pesquisa.

Como programa de pós-graduação pioneiro e inovador na sua área de atuação, o PPG-CIS tem como missão formar pesquisadores em nível de mestrado capacitados para a identificação, avaliação e promoção de transformações urbanas que contribuam para atender às premissas das cidades inteligentes e sustentáveis.

Nesse sentido, o principal desafio do PPG-CIS é ser reconhecido como um programa de pós-graduação de referência com atuação na área de cidades inteligentes e sustentáveis, contribuindo para o avanço e a integração do conhecimento em sustentabilidade, planejamento urbano e tecnologia aplicados à cidade.

Apesar do tempo de funcionamento do PPG-CIS, que iniciou suas atividades em agosto de 2015, o programa já alcançou consideráveis resultados em termos de produção acadêmica e técnica, representando sua inserção e contribuição na área de Purd.

REFERÊNCIAS

BILERT, V. S. S.; SÖTHE, A.; MATTHES, D.; THEIS, I. M. Pós-graduação nas universidades brasileiras: análise dos Programas de Pós-graduação *Stricto Sensu* da área de Planejamento Urbano e Regional. *VII Seminário Internacional sobre Desenvolvimento Regional.* Santa Cruz do Sul, RS, Brasil, 9 a 11 de setembro de 2015.

[CAPES] COORDENAÇÃO DE APERFEIÇOAMENTO DE PESSOAL DE NÍVEL SUPERIOR. *História e missão.* Disponível em: http://www.capes.gov.br/historia-e-missao. Acesso em: 20 set. 2008.[1]

______. Cadernos de Indicadores. Disponível em: http://conteudoweb.capes.gov.br/conteudoweb/CadernoAvaliacaoServlet?acao=filtraArquivo&ano=2009&codigo_ies=&area=27. Acesso em: 26 jan. 2012.

______. Regulamento para a avaliação trienal 2013 (2010-2012). Brasília, 2013a. Disponível em: http://www.avaliacaotrienal2013.capes.gov.br/home-page/regulamento-da-trienal. Acesso em: 13 jul. 2014.

______. Documento da área de Planejamento Urbano e Regional/Demografia – Trienal 2013. 2013b. Disponível em: http://chttp://www.capes.gov.br/component/content/article/44-avaliacao/4680-planejamento-urbano-e-regionaldemografia. Acesso em: 15 maio 2016.

______. Entrada no SNPG: propostas de cursos novos. Brasília, 2014a. Disponível em: <http://www.capes.gov.br/avaliacao/entrada-no-snpg-propostas>. Acesso em: 13 jul. 2014

______. Sobre a Avaliação. Brasília, 2014b. Disponível em: <http://www.capes.gov.br/avaliacao/sobre-as-areas-de-avaliacao>. Acesso em: 25 maio 2016.

1 Texto foi modificado e o atual é o do link da referência Capes (2016a).

______. Dados do Programa de Pós-graduação em Cidades Inteligentes e Sustentáveis. 2015a. https://sucupira.capes.gov.br/sucupira/public/consultas/coleta/programa/viewPrograma.jsf?popup=true&id_programa=206497. Acesso em: 20 maio 2016.

______. Proposta do Programa de Pós-graduação em Cidades Inteligentes e Sustentáveis. 2015b. Disponível em: https://sucupira.capes.gov.br/sucupira/public/consultas/coleta/propostaPrograma/listaProposta.jsf. Acesso em: 20 maio 2016.

______. História e Missão. 2016a. Disponível em: http://www.capes.gov.br/historia-e-missao. Acesso em: 24 abr. 2016.

______. GeoCAPES. Disponível em: http://geocapes.capes.gov.br/geocapes2/. 2016b. Acesso em: 25 maio 2016.

KOCH, W. World's 10 Most Sustainable Cities? Hint: Not Fast-Growing Jakarta or Delhi. National Geographic. Disponível em: http://energyblog.nationalgeographic.com/2015/02/10/worlds-10-most-sustainable-cities-hint-not-fast-growing-jakarta-or-delhi/. Acesso em: 25 maio 2016.

KUENZER, A. Z.; MORAES, C. M. Temas e Tramas na Pós-Graduação em Educação. *Educ. Soc.*, v. 26, n. 93, p. 1341-62, 2005. Disponível em: http://www.redalyc.org/articulo.oa?id=87313713015. Acesso em: 25 maio 2016.

MACCARI, E. A. *Contribuições à gestão dos programas de pós-graduação stricto sensu em administração no Brasil com base nos sistemas de avaliação norte americano e brasileiro*. USP, Faculdade de Economia Administração e Contabilidade. 2008. Disponível em: http://www.teses.usp.br/teses/disponiveis/12/12139/tde-03092008-172119/pt-br.php. Acesso em: 25 maio 2016.

MACCARI, E. A.; LIMA, M. C.; RICCIO, E. L. Uso do sistema de avaliação da Capes por programas de pós-graduação em administração no Brasil. *Revista de Ciências da Administração*, Florianópolis, v. 11, n. 25, p. 68-82, 2009. Recuperado de: https://periodicos.ufsc.br/index.php/adm/article/view/13077. Acesso em: 25 maio 2016.

MACCARI, E. A.; TEIXEIRA, G. C. S. Estratégia e planejamento de projeto para acompanhamento de alunos egressos de Programas de Pós-graduação Stricto Sensu. *Revista de Administração da UFSM*, v. 7, n. 1, p. 101-116, 2014. Recuperado de: http://periodicos.ufsm.br/reaufsm/article/view/10385. Acesso em: 25 maio 2016.

MACCARI, E. A.; NISHIMURA, A. T. Povoamento dos estratos conceitos 6 e 7 no sistema de avaliação da Capes pela área de Administração, Ciências Contábeis e Turismo nas avaliações trienais 2010 e 2013. *REAd. Revista Eletrônica de Administração* (Porto Alegre. Online), v. 20, p. 601-624, 2014. Disponível em: http://seer.ufrgs.br/index.php/read/article/view/50134. Acesso em: 25 maio 2016.

MARTINS, C. B.; MACCARI, E. A.; MARTINS, S. B.; SERRA, F. A. R. The influence of co-authorship networks on the performance of graduate programs in the Brazilian evaluation system. In: *2014 Portland International Conference on Management of Engineering Technology (PICMET)*. 2014, p. 1569-84. Disponível em: http://ieeexplore.ieee.org/xpl/login.jsp?tp=&arnumber=6921306&url=http%3A%2F%2Fieeexplore.ieee.org%2Fxpls%2Fabs_all.jsp%3Farnumber%3D6921306. Acesso em: 25 maio 2016.

[MEC] MINISTÉRIO DA EDUCAÇÃO E CULTURA. Brasil é o 13º entre os maiores produtores de conhecimento. 2009. Disponível em: http://portal.mec.gov.br/index.php?option=com_content&view=article&id=13336:brasil-e-o-13o-entre-os-maiores-produtores-de-conhecimento&catid=225:sistemas. Acesso em: 12 jan. 2012.

NEVES, R. B.; COSTA, H. G. Avaliação de Programas de pós-graduação: proposta baseada na integração ELECTRE TRI, SWOT e sistema CAPES. *Sistemas & Gestão*, v. 1, n. 3, p. 276-298, 2006. Disponível em: http://www.revistasg.uff.br/index.php/sg/article/viewFile/18/26. Acesso em: 25 maio 2016.

OLIVEIRA, E. N. B.; BOTELHO, E. N.; AMARAL, C. T. N. M.; ZOTES, L. P. Os programas de pós-graduação stricto sensu no contexto das avaliações Capes e CNPq. In: *IV Congresso Nacional de Excelência em Gestão*. Niterói, 2008. Disponível em: http://docplayer.com.br/5961695-Os-programas-de-pos-graduacao-stricto-sensu-no-contexto-das-avaliacoes-capes-e-cnpq.html. Acesso em: 25 maio 2016.

[PNPG] PLANO NACIONAL DE PÓS-GRADUAÇÃO – 2010-2020. 2011. Disponível em: http://www.capes.gov.br/images/stories/download/Livros-PNPG-Volume-I-Mont.pdf. Acesso em: 10 nov. 2011.

ROLIM, C.; SERRA, M. Instituições de ensino superior e desenvolvimento regional: O caso da região norte do Paraná. *Revista de Economia*, v. 35, n. 3, ano 33, p. 87-102, set./dez. 2009. Disponível em: http://revistas.ufpr.br/economia/article/view/16710. Acesso em: 25 maio 2016.

SPAGNOLO, F.; SOUZA, V. C. O que mudar na avaliação da Capes? *Revista Brasileira de Pós-Graduação*, Brasília, v. 1, n. 2, p. 8-34, 2004. Disponível em: http://ojs.rbpg.capes.gov.br/index.php/rbpg/article/view/38. Acesso em: 25 maio 2016.

Índice remissivo